生活，原本可以更美
一些你了解但却忽视的智慧

〔英〕迪恩·坎宁安 著
马 跃 译

PURE WISDOM — The Simple Things That Transform Everyday Life

2012年·北京

PURE WISDOM

The Simple Things That Transform Everyday Life

© Dean Cunningham 2010

This translation of PURE WISDOM: THE SIMPLE THINGS THAT TRANSFORM EVERYDAY LIFE, First Edition is published by arrangement with Pearson Education Limited.

图书在版编目(CIP)数据

生活,原本可以更美——一些你了解但却忽视的智慧/〔英〕坎宁安著;马跃译.—北京:商务印书馆,2012
ISBN 978-7-100-08990-6

Ⅰ.①生… Ⅱ.①坎… ②马… Ⅲ.①生活方式—通俗读物 Ⅳ.①C913.3-49

中国版本图书馆 CIP 数据核字(2012)第 046887 号

所有权利保留。
未经许可,不得以任何方式使用。

生活,原本可以更美
——一些你了解但却忽视的智慧
〔英〕迪恩·坎宁安 著
马跃 译

商 务 印 书 馆 出 版
(北京王府井大街36号 邮政编码100710)
商 务 印 书 馆 发 行
北京市松源印刷有限公司印刷
ISBN 978-7-100-08990-6

2012年11月第1版　　开本 880×1230 1/32
2012年11月北京第1次印刷　印张 5 7/8
定价:19.90元

目　录

致谢 ... 1
引言 ... 3

第一部分　正确的态度

1　平衡 ... 9
2　镇定 ... 12
3　投入 ... 15
4　怜悯 ... 18
5　信心 ... 20
6　勇敢 ... 23
7　创意 ... 25
8　纪律 ... 28
9　无畏 ... 31
10　灵活 ... 34
11　感激 ... 36
12　诚实 ... 38
13　细心 ... 41
14　留意 ... 43
15　客观 ... 46
16　开放 ... 49
17　耐心 ... 52
18　执著 ... 54
19　尊重 ... 56
20　负责 ... 58

第二部分　正确的做法

21　行动 ... 63

22　改变 ... 66

23　竞争 ... 69

24　和解 ... 72

25　决定 ... 74

26　防卫 ... 76

27　专注 ... 79

28　原谅 ... 82

29　付出 ... 85

30　放手 ... 87

31　倾听 ... 90

32　停顿 ... 93

33　计划 ... 96

34　娱乐 ... 99

35　提问 ... 102

36　放松 ... 105

37　简化 ... 108

38　伸展 ... 110

39　相信 ... 112

40　胜利 ... 114

第三部分　正确的理解

41　意识 ... 119
42　控制 ... 122
43　安逸 ... 125
44　精力 ... 128
45　信任 ... 131
46　自由 ... 134
47　目标 ... 137
48　健康 ... 140
49　快乐 ... 143
50　知识 ... 146
51　运气 ... 149

52　精通 ... 152
53　超脱 ... 155
54　平和 ... 158
55　权力 ... 161
56　目的 ... 164
57　成功 ... 167
58　时间 ... 170
59　价值 ... 173
60　智慧 ... 176

作者介绍 ... 179
译后记 ... 180

致　谢

感谢我的老师、家人、朋友和敌人,你们帮助我学到了生活中一些非常重要的经验及教训。还要感谢本书的编辑雷切尔·斯托克(Rachael Stock),没有你这本书就不可能出版。

引　言

本书透过事物的表面来洞察生活。

我们大多数人都很少能做到三思而后行。我们在生活中随波逐流，忙忙碌碌，很少花时间来了解生活中真正重要的是什么。由于没有意识到这一点，我们满足于次优的选择，我们遗漏了重要的事情，因此我们不能将生活的潜力发挥得淋漓尽致。

这本书文字浅显但见解深刻，它帮助我们所有人以不同的视角来看待事物。它揭示了我们经常忽视的一些东西，使得我们能够获得对于世界的全新体验，书中的知识将引导我们过上更好、更充实的生活。

智慧不是只有学术精英或是最虔诚的信徒才能获得的一套机密信息。我们每个人在生活中都曾经有过智慧的表现。本书将帮助你更加清楚地认识自己的智慧行动。有了这些知识之后，你就能在需要的时候更好地应用你的智慧。

本书包含着一些能够改变你生活的重要的基本原则,但将它们娴熟地应用于每个独特的情境之下或挑战之中却有赖于你的能力。本书的每一章都将帮助你培养一种技巧,但是就像生活中的所有活动一样,熟才能生巧。

那么书中的智慧源自何处呢?本书是我本人结合了30余年的空手道训练、与大师的交谈内容、自己的生活体验以及从培训他人的过程中获得的经验,将一千多年来的古代智慧加以提炼并应用于现代生活之中的成果。我所掌握的一些最重要的经验可能是源自空手道,它就像是生活的缩影,我们可以通过学习其中无数的宝贵经验来改进我们的生活。

空手道曾经教过我:为了"拥有"你想要的东西,你必须首先"是"某一特定类型的人,然后"做"你需要做的事情。大多数练习空手道的人都经历了相反的过程:为了去"做"什么事情(打斗、获胜或是得到别人的钦佩),他们试图"拥有"更多的某类东西(肌肉、腰带、力量或是其他任何事物),以便他们能够"是"什么(坚强的、无畏的或是一名冠军)。但是要掌握空手道,"是"必须在"做"之前。

生活也是同样。为了去"做"什么事情(买更快的汽车、更大的房子、另一栋房子),大多数人试图"拥有"更多的某类东西(更多的金钱、更多的荣誉、更多的权力和更高的地位),以便他们能够"是"什么(幸福的、成功的或是恋爱中的人)。但是要想掌控生活,"是"必须在"做"之前。

这就是本书的结构要分成三个部分(正确的态度、正确的做法和正确的理解)的原因,每一部分包含 20 章,讨论改变日常生活所需要的态度、特征和行动。要知道,正确的态度带来正确的做法,进而形成正确的理解,使我们拥有生活中最重要的东西——同情、自由、精力、和平、快乐和智慧,等等。

最后,一点告诫……

智慧是充满矛盾的东西。前一分钟我们说"人多好办事",但是后一分钟我们说"人多反误事"。我们断言"越是不见越是想念",然后我们又宣称"眼不见为静,心不想不烦"。智者会学习如何调和这些以及其他更多的矛盾。例如:什么时候行动,什么时候等待;什么时候给予,什么时候索取;什么时候停留,什么时候离去。他们知道,更充实生活的秘诀就是平衡的生活。事实上,智慧始于平衡的艺术,而巧合的是,本书亦如此。

第一部分
正确的态度

第一部分

元明清志怪

1　平衡

有一个有意思的现象。当我们碰见一件好事,我们往往认为这件事就是生活的全部。举例来说:我们得到了梦寐以求的工作,就认为生活就是我们的工作。我们体验到了健身所带来的好处,就认为生活就是去健身。我们注意到理发使我们得到的积极回应,就认为生活就是我们的发型。

然而,为了获得最大的收益,你需要平衡生活中你所做的每件事。因为如果你一周七天都去健身,那么你很快就会因过度训练而感到不适。如果你一周工作一百个小时,那么你很快就会筋疲力尽。同样,如果你每天都理发,那么你很快就得戴个假发了。简而言之:为了从生活中获得最大的收益,你需要时间来恢复、需要空间来成长。

> 为了从生活中获得最大的收益,
> 你需要时间来恢复、需要空间来成长。

在学习空手道时，我注意到人们总是缺少平衡。他们认为训练得越努力、越快以及时间越长，他们就会变得越好。从某种意义上讲，他们是对的——掌握一项技能需要全力以赴。但是他们忘记了基本的一课：如果你想要猛力向前冲，你需要稳定。孩提时期，如果没有辅助轮或是父母的帮忙，你可能无法学会骑自行车。你需要平衡才能前行。这同样也适用于生活中的所有方面。没有平衡，就没有进步。

但是，在谈到平衡时，我们的心态不要失衡。要知道，这个概念经常被误解。大多数人认为，存在一个幸福的折中点，在这里，你可以使一切永远维系平衡。如果你无法达到这一点，那么一定是你做错了什么事。而事实上，我们总是既处于平衡之中，又处于失衡之中。一只脚站立，你就会注意到自己总是需要做出调整才能保持住这种姿态。同样，在生活中，你总是需要做出调整以便处于你想要保持的状态。

因此，不要试图在生活中的所有领域永远保持平衡；相反，要承认有时候你需要对重要的事情和要做好的事情倾注全部的注意力，从而使自己失去平衡。有时，这可能是一个苛求的孩子或是不开心的伴侣，从而殃及你的工作；有时，这可能是一项重要的项目，使你忽略健康和人际交往。你看，平衡并不是一种常态。在你所致力从事的事情和你的情感之间，总会有你必须打破平衡的时候存在。

感悟：使自己失衡并没有错，只要你能够使自己重新恢复平衡。只是注意不要失衡得太久——因为这可能使你忘记两者之间的差别。换句话说：好事过头反而适得其反，使你不舒服。然而不舒服也可以很快开始变得习以为常。

但是不仅如此。平衡不仅仅局限于活动，它也与态度有关。例如，健康的生活要求我们平衡渴望改变和接受现状之间的关系。它需要我们平衡持之以恒与放任自流。它还需要我们平衡自我约束与自由、自发的行为。简言之：实现更好、更健康并且更成功的生活的关键就在于此——平衡。

2 镇定

"你能镇定下来吗……"怒火被点燃了。几乎没有人愿意让别人告诉他镇定下来,特别是当他们情绪激动时。这几个字就如同有魔力一样。它们能够将郁积的怒火变成地狱火焰般炽烈。但是,即便你不愿别人这样告诉你,在情绪激动时保持镇定的确有很大的好处。并且,很显然,这些好处在发生冲突时最为明显。

正如空手道格斗通常所表现出来的,如果对手让你不安、气愤或发怒,那么他们就会占有优势。要知道,生气的格斗士是紧张的格斗士。他们的反应要比正常时缓慢。而且他们的头脑由于情绪化而混沌。与之相比,镇定的对手拥有一种令人生畏的气质。他们的泰然自若代表着力量和自信。只要看一下他们的眼睛,就足以使你怀疑自己的能力。

一些人认为,要格斗你需要怒火。然而真实的情况恰好相反。在空手道训练时,你很快就会学会要永远地丢掉脾气。因为,正如放松一样,镇定会提供给你一种中立的立场,以便你思考和行动。你可以看得更清楚、行动得更敏捷,变成一个更可怕的对手。但是,保持镇定并不仅仅是为了知道如何在格斗中获胜。它对于日常生活也同样具有好处。

例如,如果在情感经历中你可以保持镇定,你就不大可能反应过度,给情感关系造成不必要的伤害。不要误会:强烈的情感没有什么不好,重要的是你对于强烈情感的反应。比如,如果你很生气,你可以选择体验愤怒,不去控制它,然后在头脑变得更为清醒之后决定如何应对;而不是受其影响,失去控制。

如何做到?要承认情绪的存在。告诉自己,"我感觉愤怒了",然后关注其所带来的身体感受。如果你的思想游离了,将它带回身体之内。仅用这一种做法,就具有减轻情绪强度的作用。并且,在这种做法所营造的镇定"空间"里,你反应过度的可能性将减弱。另外,你将不需要否认自己的感受,也不需要将它们埋在心底、使其滋长。

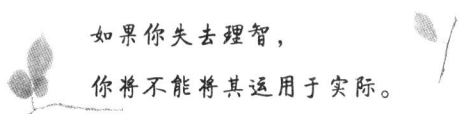
如果你失去理智,
你将不能将其运用于实际。

一个镇定的头脑在危机时刻也有帮助。这就像是处于暴风眼之中,周围强风环绕,而你却毫发无损。在镇定的状态下,你可以完全地看穿事物的本质,做出更好的决定。这个道理听起来很浅显,但如果你失去理智,你将不能将其运用于实际。

因此，要学会在压力下保持镇定。目前，我注意到一些人会比其他人更容易采用这种处世态度。一些性格类型的人比其他人更容易保持镇定。但是，无论我们的性格倾向如何，我们所有人都可以做出改善。

　　感悟：你完全可以不被情绪所左右。保持平静，让情绪逐渐展开。无须评判。只要承认情绪的存在，并看着它离开。并且，在你所营造的镇定空间之中，你的行为将是最恰当的。受情绪影响的应急反应是不可取的。

3 投入

对于一些人来说,"投入"是一个可怕的词。它唤起了人们的恐惧,唯恐陷入一场糟糕的婚姻之中,或是被未能完成的任务所困。但是,投入不仅仅是黄金手铐或是铂金婚戒,它有着更广泛的意义。

你知道,在生活中要做好任何重要的事情,都需要全身心投入。像一名职业运动员一样,你必须决心做到最好,竭尽全力,并且把追求自我提高作为首要任务。无论风雨,运动员都会出现在训练场上。即使他们感觉疲惫,他们也会出现在训练场上。即使在当天他们更情愿做一些其他的事,他们仍然会出现在训练场上。

运动员们都知道,投入并不能保证成功,但是如果没有投入,他们可能都无法离开起跑器,就更别说完成比赛了。因此,当他们训练的时候,他们投入地训练。他们保持注意力集中。他们这样做是有原因的。他们投入自己的全部,因为他们知道如果不投入的话，他们将处于劣势。生活中也同样。没有投入，就没有进步，也就没有成果。

你可能有着一个梦想或者目标，但是你投入了吗？投入是一种实现你的目标的内在动力和决心，它不是你可以虚构的东西。它或者存在，或者不存在。要知道，是否投入取决于你认为自己的目标有多大的价值。如果它对你不那么重要，你不会投入。对于工作和婚姻也是如此。如果你不珍视它们，你就不会长期处于其中。因此，如果你对于一段感情、一个职位或是一条道路的投入内心有所挣扎，就问问自己这个问题："我能肯定这是我真正想要的吗？"若你不能肯定，则不要浪费你的时间。

如果这是你想要的，但是你仍然不情愿投入，那么没关系，有这种感觉的不止你一个人。一些人发现自己对任何事情都难以投入。如果这听起来和你的情况相似，那么试着了解造成这种情况的原因。弄清楚使你裹步不前的情绪和想法。你害怕被拒绝、被伤害还是被限制？你的想法理智吗？记住：投入与否取决于你的心灵，而不是头脑或者其他人。因此，不要让不理智的想法或其他人羁绊你的脚步。只有你知道什么对自己是重要的，而且你应该是唯一一个可以决定自己要对什么事情投入的人。此外，如果没有心灵的希冀，你就会很容易被其他的诱惑分散注意力：一杯饮料、一件衣服、一个甜点或是其他任何东西。因此，请跟随你心灵的脚步。

当你全身心投入之后，就会发现没有捷径、没有坦途。你不可以给自己留下逃跑的出口。

当你全身心投入之后，就会发现没有捷径、没有坦途。你不可以给自己留下逃跑的出口。这就像是过山车。一旦你坐了上去，你就无法改变主意，你只能一直坐到结束。投入后的坚守需要勇气和决心，但正是这样才能使你的梦想变成现实。

感悟：投入的目标永远都应该是现实的，可以实现的。因此，不要过于野心勃勃。慢慢起步，一点点地加速。很快，你就会习以为常或是养成习惯，那么投入就会变成你的一种生活方式。

4 怜悯

我们中的大部分人都有过这样的经历。某个人说了一些伤害你的话,然后不知不觉之间,你已经猛烈地反击了。或许,你会选择默默走开,躲进角落里。愤怒或是不安,斗争或是逃跑,这些都可以归结为人类基本的天性。当你感觉自己受到攻击(这种攻击可以是情感上的、语言上的或是身体上的)时,大多数人都会反击或是逃走。这种反应是根深蒂固的。但是一种更高层次的反应是怜悯。

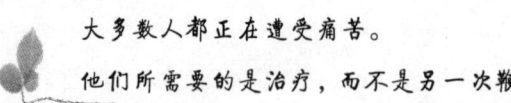

大多数人都正在遭受痛苦。
他们所需要的是治疗,而不是另一次鞭笞。

你所遇见的大多数人都在进行着一场艰苦的战斗。他们正在与有压力的工作、未完成的任务、麻烦的人际关系、经济上的拮据或是糟糕的健康状况作战。我们之中,几乎没有人能够在一生中永远一帆风顺。大多数人都正在遭受某种痛苦。那么，让我们正视这个现实：正处于痛苦之中的人们具有伤害性。因此，我们应该友善。他们所需要的是治疗，而不是另一次鞭笞。我知道，这很难，特别是被你试图与之友好相处的人所伤害的时候。但是记住，怜悯是指宽厚待人的能力。

但是不要误解我的意思。我不是说你应该容忍伤害。如果有人攻击你，那么请保护你自己。因此，要采取合适的行动，但是也要心存怜悯。我想，这里的关键词是"合适"，因为如果你能够用更好的手段警告一名挑衅者自动离开，那么为什么要用拳头呢？

不仅如此。你需要理解：你对别人的善意会换来别人对你的善意。就拿度假来说吧，当我们外出度假并且身心放松时，我们会变得更为友好并且更加慷慨，因此通常当地人也会对我们的友善和慷慨做出回馈。我们离开时，我们会回想我们所访问国家的人们的种种好处，并且纳闷为什么故乡的人们不是这样。但是我们没有发现自己在所获得的待遇中扮演的角色。如果我们可以做到善良、友好和热情，故乡的生活也可以像假期一样。

此外，记住，要怜悯别人，首先要怜惜自己。因此要用疼爱的语气和自己说话，要友善。正如你期待别人给予你关注和爱护一样，也要关注和爱护你自己。当你掌握了这种能力之后，将你的友善散播给你关心的人、和你关系一般的人，以及你无法忍受的人。

5 信心

我们经常被教导要树立远大的目标。但是通常的情况是，我们设定的目标太难实现了，而不是太容易。问题是，如果我们力所不及或者一直失败，我们的信心就会被侵蚀。一种典型的解决方案就是设定我们努力就可达到的目标。例如，如果我们知道自己只能做 10 个俯卧撑，那么设定做 20 个俯卧撑的目标是没有意义的。因此，我们就应该设定一个自己可以实现的目标，例如 11 个，以便我们的信心可以从这次成功中受益。这听起来像个合乎情理的想法，但是，正如你即将在下文中看到的，成功并不是建立信心的最好方式。

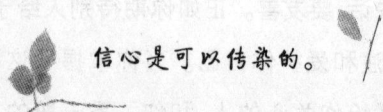
信心是可以传染的。

观察别人的出色表现也可以树立信心。为了提高我的空手道技巧，我曾花了几个小时观看世界空手道冠军的视频片段。观看这些最顶级的空手道选手的比赛是一种绝佳的激励来源。因此，如果你希望在诸如公众讲演、与人初次会见或是面对敌手等场合更有信心的话，那么就观看并模仿别人吧。信心是可以传染的。

在各种活动中加入说服性的语言，那么不需要多久，你就会逐渐养成一种更果断、更坚决的态度。要知道，语言拥有树立信心的力量。观看一场重大的体育赛事，你就会知道我的意思。运动员们总是自言自语。当不顺利时，他们诅咒；当事情按他们的意愿发展时，他们大喊着庆祝。你也可以运用这种技巧。窍门在于找到对你起作用的词语或句子，最好是能够激发积极情绪的话语。因此，如果"我可输不起"让你感到紧张和烦躁的话，那么尝试另外的表达，例如，"按计划进行，全力以赴，你就会做得很好"。

如果以上做法仍然不足以增强你的信心的话，那么你可能需要更好地认识自己。让我解释一下：对于我们大多数人来说，信心是建立在成功的结果之上的。因此，当我们未能实现某个重要的目标时，我们往往把这件事的失利等同于做人的失败。我们之所以失去信心，正是由于我们认为自己是由行为来定义的。但是，事实并非如此。仔细地审视自己，你就会注意到自己其实包括很多方面。诚然，你的行为是反映你的要素；但是，你也是由你的想法、感情、特征、记忆和身体的各个部件构成的。而且这些方面中，没有一项是永恒的，甚至你的记忆都不是一成不变的。作为一个人,你处于不断的变化之中。那么,用如此狭隘的标准来评判自己是明智的吗?我可不这么认为。

不管怎样,如果你的信心是建立在行动及其后的成果(如头衔、资格、配偶或者其他任何值得追求的东西)之上的,那么这种信心所建立的基础是不稳固的。要知道,信心并非完全源自成功。真正的信心所建立的基础,就是你知道你和这个星球上的所有其他人是一样的——难免犯错、独一无二并且时刻处于变化之中。当然,你和其他人相比,可能存在部分不同,更好或者更坏。例如,你可能更适合做厨师,他们可能更合适做教师;你可能更善于倾听,他们可能更会表达。但是这并不会使你高人一等或者低人一等。

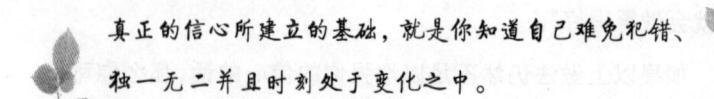

> 真正的信心所建立的基础,就是你知道自己难免犯错、独一无二并且时刻处于变化之中。

感悟:真正的信心并非只建立在成功之上,它也不会受外部境况(如你的外貌、失败、错误或是他人的观点等)的不利影响而削弱。因此,无条件地接受自我,这样你的信心就会如同你所立足的地面一样坚实。

6　勇敢

为了学习空手道,你迟早要与真人格斗。空手道的格斗不是以健身为目的的花拳绣腿——它是与对手实打实的争斗。因此,你最终一定要战胜自己对于受伤的恐惧心理。

让我们正视这一事实:人们不愿意受伤。但是,在学习空手道时,你不能让这种恐惧阻止你的脚步,你必须上前出击。因此你要学会如何控制自己的恐惧:制订一个行动计划,非常清楚地知道如果对手反击你该怎样做,然后接近你所恐惧的事物。如果你不这样做,你就放弃了。然而放弃并不是一个真正的选择,起码在你想成为黑带选手或者想掌握这门技艺时不是。

想象一下,如果你因为害怕摔倒挫伤屁股而放弃走路的话,那么你的生活将会受到多大的限制,你将错过多少经历。我知道,这听起来很可笑。但是怪就怪在人们总是因为害怕而放弃——害怕失败、批评以及拒绝所带来的挫伤。但是成功的人生就是从无数的拒绝、批评和失败之中得来的。当你还是裹着尿布的婴儿时，你所做的每次走路尝试都以失败而告终。当时你并没有意识到，每次尝试的经历都给你提供了学会如何走路所需要的反馈，每次失败都使你距离更加充实的人生更近了一步。

生活中充满了风险。因此，为了实现任何有价值的目标，你总会遇到使你害怕的东西。在空手道中，你将学会很快地放弃对于彻底安全和保障的追求。无论你多么谨慎地练习，你总是会被打青眼睛或是撞伤脚趾。生活中也一样：无论你的计划多么周全，它也总是会源源不断地给你带来问题、失望和阻碍。在这个地球上唯一一次你会感到真正安全和保障的时候，将是你被埋到地底六英尺以下的时候。

每个人都有自己害怕的东西，即便空手道黑带也是如此。但是，不要让别人知道你的恐惧。在真正的格斗中，如果你的对手感觉到你的弱点，你将很快品尝到自己面部受袭嘴唇出血的味道。因此，把恐惧留给自己，与他人分享你的勇气。你应该清楚：勇敢并不是无所畏惧，而是战胜恐惧。

 勇敢并不是无所畏惧，而是战胜恐惧。

感悟：生活将会源源不断地教给你很多东西。所以，不要抱怨、找借口，或是希望情况会突然之间变得更为容易或安全。寻找生活中的经验教训，不要害怕承担风险——不入虎穴，焉得虎子。谨慎小心没有错，但是要记住，缩头乌龟永远不能有所成就。

7　创意

要解决生活中的任何问题,你都需要创意,因为正如俗话所说:如果你重复做同样的事情,只会得到同样的结果。但是,创意也可能是一个艰巨的任务。对大多数人来说,给他一张白纸(无论是比喻的说法还是真实的做法),让他开始一个创造性的过程,其结果只是使他的大脑也变得空空如也。然而具有创意不一定非要提出独到的见解。事实上,大多数的新观点都是旧观点裹上了新包装。所幸有一些非常实用的问题,可以帮助你形成足以改变生活的观点。但是,在我和你分享这些问题之前,还有下面一些话要说。

很多时候,我们不能够解决问题是因为我们不能够突破思维的定式。我们的习惯做法和思考方式约束了我们的创造力。但是,为了能够过上更加充实的生活,我们需要打破我们做事情的固有方式。我们需要从不同的角度来观察生活。从某种意义上讲,我们需要成长。你看,作为儿童,我们通过模仿周围人学会如何行动。作为成人,我们也通过模仿他人学会新的技能。但是我们的发展过程中,总会有一刻,我们必须停止模仿。

正如一位日本的空手道大师曾经告诉我的,"要领悟空手道,你必须首先模仿你的老师。但是,到了某种程度后,你必须超越你所学到的内容,创造自己的技巧"。你看,模仿在学习的早期阶段很必要,但是它缺乏创意。最终,我们必须超越我们熟知的内容,开发我们自己的技巧。这就是成长的道路。从本质上讲,技巧是垫脚石,帮我们实现富有创意的境界。在空手道中,当我们能够达到这一境界时,我们的活动就从一门学问上升为一种艺术。

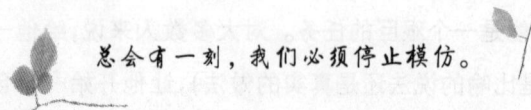
总会有一刻,我们必须停止模仿。

生活中也是一样:在早年时期,我们学习生活的方式。但是当我们发现自己身处新的环境之中时,以往的做法往往不起作用。总会有一刻,我们需要抛开旧的方式,向前走,采用新的行为并达到新的高度。下面将介绍具体的方法。

首先,你必须知道自己想要什么——最终的结果。关键的问题是:我想要创造什么?我希望发生什么事情?下一步,你需要知道当前的状况。问自己:我目前的情况是怎样的?现在正在发生着什么事情?接下来,你需要有创造力了。以下问题可以保证使你的创造力如泉水般源源不断:如果换成是我崇敬的人,他会怎么办?还有其他的做法吗?是否有更为积极主动的处理方式？如果我担心的事情逐渐临近，我应该怎么做？然后，当你探索了足够多的选择方案时，选择其一继而采取行动。

一旦你使自己的创造力活跃起来，点子就会自发并且自然地冒出来。但关键是抓住其中好的点子并利用它们。记住：没有行动，即使是再深刻的见解也毫无用处。

8 纪律

生活中,我们每个人都拥有上天赐予的一件厚礼:我们的自由意志。我认为,这件礼物和汽车的方向盘具有相同的意义。我们的自由意志像方向盘一样,引导着我们在生活中行进的路线;使我们做出选择并走上不同的道路;让我们在自己的旅途中扮演着主动而非被动的角色。

但是,对我们大多数人来说,就仿佛是我们在行程中睡着了,我们的生活处于自动导航状态,让由我们的习惯构成的惯常路径,指引我们到达相同的地点——甚至在我们不再想要到达那里的情况下。从某种意义上来讲,我们已经失去了对于生活方向盘的控制——我们继续干着我们所憎恨的工作,或是为了锻炼身体报名加入健身俱乐部却从未出现在那里。但是,为了实现你的梦想,你需要控制你的方向盘,把它紧紧抓在手里,然后将你的生活引向你所选择的方向。

纪律是我们与榜样人物存在差距的原因。

要推翻我们的习惯动作,需要纪律或是"意志(方向盘)的力量"。在运动中,纪律是业余选手与专业选手存在差距的原因。在生活中,纪律是我们与榜样人物存在差距的原因。

大多数人将纪律解释为:"控制"——被某种权威告知你该怎么做;"惩罚"——在工作中被纳入绩效计划之中;或是"不做某事"——在晚宴上拒绝一杯酒。但是,纪律并非总是被强加于我们身上。有时候它是一种工具,帮助我们获得我们想要的东西。事实上,我们每天都表现出纪律。我们刷牙、洗澡,然后上班。过后,我们回家、瘫坐在电视前,然后遵守纪律一般地准时收看我们喜爱的节目。

显然我们都表现出一定程度的纪律,但是我们大多数人需要将它发扬光大,以达到我们更为重要的目标。这和努力锻炼某块肌肉是一个道理,你要么使用它,要么就会失去它。通过经常地使用,它将变得更加强健。如果忽视它,它会变得虚弱无力,就像打了一个月的石膏后萎缩的肌肉一样。

这个道理听起来大概显而易见,但是大多数人所不了解的是,当我们设定目标后,我们往往热情高涨地投入我们新的生活方式。这就像是在第一次去健身房时就试图举最重的杠铃一样,未经锻炼的肌肉不能承受这种重力。同样,未经训练的纪律将在约束的重压之下崩溃。因此,举例来说,如果你想要吃得更为健康，那么开始时你应该对你的饮食稍做调整，而不要一下子就跳到无盐、无糖、无咖啡因的状态。

和锻炼一块肌肉一样的道理，我们所需要做的是明智地起步，每次承担一个任务，熬过最初的不适，慢慢地增加挑战性，并且对我们逐渐取得的进步给予肯定。这就是培养纪律的方式。

9 无畏

有人将英文单词"恐惧"(fear)的各个字母拆分,把它解读成"看似真相的假象"(False Evidence Appearing Real)的缩略语。这种说法常常被引用来帮助人们排解他们头脑中虚构的恐惧。尽管其结构精妙,具有创意,但在应用时却经常被误解。让我解释一下。

本质上讲,恐惧可分为两种:一种是当我们的身体受到威胁时的感受。如果我们过马路时险些被车子撞倒,就会有这种感觉。这类恐惧让我们逃跑、闪躲、潜匿或是避让。显然,这类恐惧并没有虚构的成分,上面对恐惧的解读并不适用于这种情况。

另一种恐惧存在于我们的头脑之中。这是我们对于将来可能发生什么的看法,其所依据的是我们的想象或是过去的经验。上文所针对的正是这种恐惧。

问题是人们经常这样理解"看似真相的假象":如果这种恐

惧不是迫在眉睫的身体威胁,它就不是真的。但是我不同意这种看法。恐惧的作用是让你免受伤害,无论这种危险是几个月之后、即将临近还是已在眼前。举例来说,如果我要在下周的空手道锦标赛中与人格斗并且我知道自己的防守中有漏洞的话,我当然会害怕,特别是当我的鼻子可能会被揍扁的时候。事实上,我可能会退出比赛或是钻研我的防守技巧。对未来的恐惧在一定程度上是有益的,甚至可以说是健康的,它促使你采取行动。

你看,恐惧不是问题,问题在于恐惧背后的想法。例如,如果你每次乘电梯时都担心电梯卡在半空,甚至在没有证据支持的情况下也这样,这种恐惧就是不健康的。等一下:我收回这句话。如果你最终决定爬楼梯的话,这可能是健康的,但如果你有30层楼要爬的话,这样做是不现实的。

我要严肃地声明,请读者明确一点,我们这里所谈的不是要无所畏惧。而谈以上这些的原因在于:我们需要发掘造成恐惧的想法,然后评估其依据的现象。如果这些现象是虚假的,那么它导致的恐惧亦是假的。

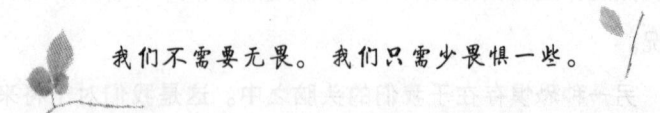

我们不需要无畏。我们只需少畏惧一些。

此外我还有一点需要说明。我们有时候会害怕未知的东西,或是把问题想象得较实际情况更为糟糕。但是同样,这不意味着我们应该无畏。适度的恐惧是件好事,它会让你行动起来，会促使你做出不同的选择，它甚至可能使你百尺竿头更进一步。但是，当恐惧被排解之后，如果你仍然紧抓着它不放，这时恐惧就成了一个问题，它失去了推动的作用，它使你陷入困境而不是保证你的安全。

现在我猜你会说，"这一节所谈的不是无畏"。你说的既对，也不对。畏惧是如此强大的情感，以至于试图摆脱它只是在浪费时间。甚至像上文提到的那种对于恐惧的巧妙解读，在这里也不会有所帮助。我自己也不是个无畏的勇士，从来不是，将来也不会是，而且我也不希望那样。事实上，空手道教给我：我们不需要无畏，我们只需少畏惧一些。

怎么做？弄清自己在恐惧什么，从中学习经验和教训，采取适当的行动，然后摆脱恐惧并继续前行。

10 灵活

在空手道中,劈叉是展示灵活性的一种普遍方式。对一些新手来说,这是激励他们训练的目标。毫无疑问,劈叉标志着出众的运动能力和灵活的肌肉,这两者对于运用空手道技巧都很重要。但是,灵活性不仅仅是伸展你的双腿。灵活性能保护你的身体,它对健康有益。如果肌肉处于紧张和僵硬的状态,它们就容易拉伤并导致慢性疼痛。因此,保持肌肉灵活很有用。

然而,空手道不仅训练身体的灵活性,头脑的灵活性也同样重要。要知道,在格斗中头脑需要随机应变、反应灵敏。紧张和僵化的头脑将使你处于非常不利的状态之下。在生活中,守旧和刻板的头脑同样具有危险性。当头脑不灵活时,就容易失去平衡,容易遭受感情上的痛苦。因此,保持头脑灵活很有用。

问题是当事情与我们生活中的偏好有关时,我们往往会采取一种僵化不变的立场。我们失去了自己的灵活性,并最终受到伤害。但是为了更健康的情感,我们需要积极地应对生活及生活中的变化,即便这意味着放弃我们的欲望和偏好。例如,大多数人都相信生活不应该是痛苦的。但一种更为灵活的态度是:"生活中如果没有痛苦将会非常美好,然而痛苦是人生中无法回避的一部分。"再举一个例子:很多人相信对于自己的努力工作或是良好行为,他们有权要求回报。让这种看法灵活一点,你就会得到这样的观点:"生活并不总是公平的。有时你投入工作却得不到你想要的东西。"我可以接着举例子,但我肯定你已经明白了我的意思。

> 我们需要积极地应对生活及生活中的变化。

关键在于:我们需要了解什么时候应该改变我们的想法、放弃我们的偏好和固有观念。所幸我们的语言中存在大量的线索。如果你表达中有"必须"或是绝对的"应该",那么这无疑是一种僵化不变立场的标志。这时就应该放宽限制,容忍事情不按照你的意愿发展的可能性,或是寻找处理问题的新方法。因此,如果你发现自己说"这就是'应该'采取的方式",那么请将下面的问题作为对你的提示:"我想知道我可以采取什么其他的方式——并且哪种方式最好?"你要学会与时俱进。考虑改变已有的观点,接纳新的变化,这样你才能做到灵活变通。

11 感激

在我们大多数人的成长过程中,父母都教导我们要感恩。他们告诉我们应该对桌上的食物、头顶的遮蔽和健康的身体心存感激。作为孩子,你大概并没有对感激给予太多的关注。我知道我当时没有。如果我想要最新款的运动鞋,那些诸如"你应该对有运动鞋穿表示感激"或是"想一想那些没有脚的人"之类的劝诫并没有使我受到足够的震撼。

当然,我具有同情心,也为没有脚的人感到难过。但是在我的世界里,我遇到过的这类人并没有多少,因此也从未意识到自己有脚是多么幸运。我几乎没有见过他们失意的神情,从而也感受不到他们的痛苦。因此,这种思维方式对我不起作用,我对于自己的双脚习以为常。更为重要的是,我还是想要一双新的运动鞋。

现在,由于我对于头脑的思维方式有了更好的理解,所以我能够明白感激的重要性。要知道,当你感谢什么东西的时候,你会将自己的注意力转移于此。并且,根据我现在所了解的知识,你的注意力决定了你的思维、开创了你的认知并且控制着你对于现实的体验。从这一点来看,感激的态度无疑是有意义的,它使你的注意力聚焦在自己所拥有的东西上,从而更少地关注你想要的东西。当你养成习惯将注意力集中在自己拥有的东西上时,生活就会变得充实了——你感觉自己有所成就。

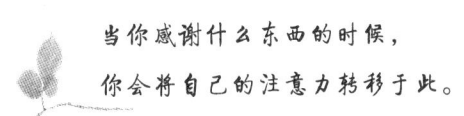

> 当你感谢什么东西的时候,
> 你会将自己的注意力转移于此。

通常,我们不会充分利用自己拥有的事物。我们总是在追逐新的事物。即便我们之前拥有的东西并不需要替换,但是对我们来说这不算什么,我们必须拥有最近的、最新的和最好的。但是,如果我们不能从已经拥有的东西中获得愉悦,拥有更多又如何会令我们更加快乐呢?

感激不仅仅指物质方面,我们还需要对于生活状况心怀感激。空手道训练中,我们必须经常表现出自己的感激。在和同伴或对手做完每项活动之后,我们都鞠躬并用日语说"谢谢"。从外行的角度,一个人感谢对手狠狠地揍了他一顿看上去一定很奇怪。"你刚刚把我打得断了气,谢谢。""谢谢你让我的嘴唇酸痛。"我知道,这听起来很疯狂。但是我们正在学习的,就是在面对逆境和顺境时要都要心怀感激,因为正是这些艰苦的格斗提升了我们的层次。生活亦是如此。我们应该对自己遭受的苦难表示感谢,因为它们激发出我们最大的潜能。

12　诚实

你说过谎吗？让我们正视这件事，我们所有人都说过谎。你可能不会公然撒谎，但是每天每刻，我们都会对事实做出轻微的扭曲。对很多人来说，善意的谎言是可以接受的，但是明目张胆的谎言——没门！显然，人们有一些很好的理由要隐瞒真相；但是更多的情况是，人们有更好的理由应该诚实。

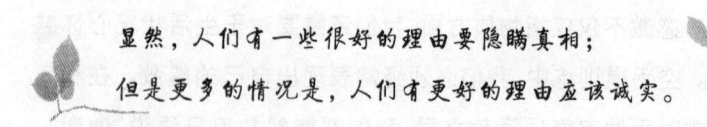

> 显然，人们有一些很好的理由要隐瞒真相；
> 但是更多的情况是，人们有更好的理由应该诚实。

有可能被察觉是说谎的一个明显的弊端，但是，让我们不要说谎还有很多其他的合理理由。例如，你将不必掩盖自己的行径，而不断地掩盖自己的行径将逐渐消耗你的精力。此外，一旦你拥有了总是讲实话的名声，人们将信任你的话，因为他们知道可以信任你。还有，当你能够承认自己做错了并且坦陈自己的错误时，别人就很难批评你。你可以因为诚实获得很多尊重。

当然,有些人通过不诚实的行为挤进了成功者的行列。但是他们多半会被发现,并且他们升得越高摔得越狠——通常将别人一起拉下水。

那么我们为什么要说谎呢?说谎在我们孩提时期就开始了,通常作为抵御权威人物威胁的途径。老师问:"你做家庭作业了吗?"我们回答:"啊,是的,我做了,但是我把它忘在家里了。"当我们长大成人后,警察问:"你知道你刚才的车速是多少吗?"我们回答:"我想是每小时40英里。"当我们被告知刚才已超速驾驶的时候,我们会说:"我不知道车速有这么快。"

通常,我们说谎是因为我们害怕讲实话所带来的后果。或是有时候,我们不诚实是因为我们认为实话会伤害他人。但是,当你知道自己未被告知实情时会有什么感觉呢?大多数人渴望别人能直言不讳。我们都尊重诚实的人。有技巧地说实话,要比说谎、隐瞒或是扭曲事实更有利于与人建立起良好关系。

诚实始于对自己的诚实。但是让人感到惊奇的是,人们往往很难接受自己的真相。你对自己诚实吗?我是说真正的诚实。你如何处理别人的意见反馈呢?你会采取戒备吗?而且如果你对自己诚实的话,你能够向别人介绍真实的自己吗?你是如何对待恭维的?你提出异议还是表达谢意?你能够承认自己的错误吗?当别人让你意识到自己的弱点时,你能对他表示感谢并真心地探讨如何做出改变吗?

但诚实并不仅限于此。你会告诉别人他们想听的话还是实情呢?如果你有着正确的动机的话,诚实的反馈会成为给别人的一份礼物。但是要讲究技巧,实话实说也可能起到相反的效果。

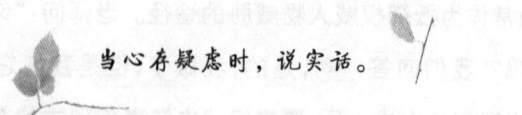

当心存疑虑时,说实话。

永不说谎是个终极的目标。当然,有时候揭示全部事实是违背职业原则或者不明智的做法。然而,诸如"我现在不能讨论这个问题。当我能的时候,我就会说"或是"抱歉,我现在不想讨论这个问题"之类的说法将使你更为诚实正直。让以下的这句话成为你的座右铭:当心存疑虑时,说实话。这很简单,但它会对你的生活产生有益的影响。

13　细心

细心是指对小的细节问题的关注。正如一位非常成功的空手道世界冠军曾经告诉我的,关注细节是他与其他人的区别之处。生活中很多行业的成功人士都了解细节的重要性。他们知道,最大的区别是由许许多多细微的差别(即细节的差别)积累形成的。

在锻炼身体的过程中专注细节,你就会惊讶地发现自己很快就精疲力竭了。这很困难,但是以这种方式锻炼将引领你实现飞跃性的进步。在短短的几次锻炼之后,你就将看到自己整体表现的改善。可以肯定地说:当你为小事担心时,你将在大事上得到提升。

在空手道中,细节很重要。当我们训练的时候,我们将注意力集中在每个动作上。我们设法细心、专注地完成每个技巧。空手道大师知道做事时从头到尾保持细心的重要意义,他们渴望完美和精致,而且他们了解当他们以这种方式练习时,他们不仅锻炼了身体，而且还训练了头脑。这也适用于生活的所有领域。对细节的关注可以不断形成微小的改善，并逐渐累积成巨大的变化，不仅是在身体上，也是在思想上。

希望能够快速取胜吗？那么处理好细节。处理问题时，你总是可以从细节方面入手，因为在细节上你可以找到不断改善的余地。这就像是摆正自己的领带：细微的调整，关系重大。因此，寻找小问题加以调整。做可以做的事情，你将蓄积实力并感觉自己真的有所进展。

例如，你想要提高自己的公共演说技巧，那么请关注细节。不要说废话，注意你的举手投足，改掉那些分散注意力的动作。词必达意，且动作也与用意相一致。了解你的听众，在关系重大的小事情上满足他们的需求，如调整室内的温度，点亮灯光，调好音响。

> 在每一项杰出的成就或是表现背后，人们总是能看到在最烦琐的细节问题上的出众把握。

在每一项杰出的成就或是表现背后，人们总是能看到在最烦琐的细节问题上的出众把握。外科医生们懂得这个道理；电脑编程人员懂得这个道理；运动员们懂得这个道理；工程师们懂得这个道理；作家们懂得这个道理；摄影师们懂得这个道理；商人们懂得这个道理；设计师们懂得这个道理；艺术家们懂得这个道理。他们都了解，在他们工作的每个方面要做到卓越，都需要将小事情做好。精确，关注细节，完美。这就是细心的全部内涵。

14 留意

有一种十分矛盾的现象,最发奋图强、最成功的人们经常是那些最不满意现状的人们。为什么?因为要在生活中取得成功,你必须是一个有上进心的人,一个实干家。你需要良好的判断力、逻辑性的头脑和解决问题的高超技巧。另外,你需要有能力评价自己目前的状态和自己想要达到的结果,然后你需要动力和决心来填平两者之间的差距。所有这些能力,对于达到"远在天边"的成功人生至关重要。但是当谈到"近在眼前"的成功人生时,它们并不总是那么有帮助。事实上,它们可能使情况更加糟糕。

让我解释给你听。

在追求更好的生活的进程中,大多数人忘记了,我们所做的所有事归根结底都是因为我们渴望达到这样一种心态:满足感。另外,我们忘记了我们"远在天边"的成就不会保证我们能拥有这种心态。事实上,现实与理想的差距是永恒存在的。因此我们奋力向前,狂热地追求一些东西——金钱、名誉、权力和地位,但是我们似乎从未满足过。我们总是想要得到更多。但这种追求永无止境,它从未带来永恒的满足。

但是即便我们知道得到"更多"不会让我们感觉更棒,我们还是试图用解决"远在天边"的问题的方法来解决"近在眼前"的问题,这反而使事情变得更糟。如果说我们在解决"外部"问题的时候是个高手,那么倘若我们将同样的策略应用于我们的"内部"生活,将会弄得一团糟。

要知道,解决问题不是处理情感问题的最好方式。为什么?因为这首先使我们不断回想造成这些问题的原因。因为渴盼能够找到方法使自己摆脱痛苦,我们只有一遍又一遍地重温我们的不快经历。

但是存在一种摆脱困难的方法,另一种心理模式,与前面所说的目标驱动、填平差距的思维相反,它是一种"是"的模式。与"做"的模式不同,它不是为了实现某一特定的目标,因此不需要总是考察差距、把实际情况与我们的希望进行品评,因为这会使我们感觉糟糕。与之相反,我们把关注点放在"接受"并"允许"事情维持现状之上,而不幻想、渴求或是希望拥有一些不同的东西。

此外,"是"的心理模式鼓励我们去"接近"而不是"避免"不受欢迎的情感状态,以便我们用一种健康的方式克服我们的情感难题。奋力向前、忽略令人不快的感觉并不会让它消失。要过上更为满意的生活,在某一刻你必须面对这种不快并找到其根源。"是"的心理模式可以提供帮助。

你看,"是"的模式鼓励你停止无休止的追求,将注意力完全集中于你的当前状态。它帮你看得更清楚,考虑所有的可能性,并做出更好的决策。它使你有意识地做出反应而不总是在自动导航状态下运行。当你完全清醒时,你将注意到真正的自我和你的真正需求。你将从对"更多"的痴迷中摆脱出来,从而填平外在成功和内在满足之间的差距。

> 当你完全清醒时,
> 你将注意到真正的自我和你的真正需求。

那么我们如何从"做"的心理模式转换为"是"的模式呢?最简单的方式就是留意你的身体,因为我们身体各项官能的复苏能够将我们拉回到现在。但是注意不要把这种做法变成一种目标——实现镇定或是放松的状态。你想要做的是更留意身体此时此刻的感受,无论是怎样的感受。

这里有一个很好的开始方式:以一种舒适的姿势坐直身体,让四肢保持一种放松但固定的姿态。闭上眼睛,注意身体每个部分的感觉。从下向上,慢慢进行,循序渐进,一个部位接着一个部位。如果你是从左脚开始的,将你的关注停留在那儿,那里就成了"注脚"。我知道,这个笑话听起来有些蹩脚,但是你对脚还能有什么更高的期望呢?本来就没必要对这个问题太过严肃。以一种轻松、好奇、热情和友善的态度来对待它,这就是留意的方法。

15 客观

我们都有偏好,我们总是认为一些东西比其他的要好。例如,你可能偏爱朗姆葡萄冰淇淋,我可能更喜欢草莓味儿的冰淇淋。我们口味不同,没关系,但要是……多好呀。你看,我们似乎就是不能接受别人不同意我们的观点。因此,我们会评价他们的选择:"你怎么能吃得下那个?它的味道差极了。"然后我们会试图改变他们:"你不知道自己错过了什么。试试这个。"但是为了建立更好的关系,也为了心情更为平和,我们需要了解:对我们来说更好的东西,可能对其他人来说更糟。

我知道上面的例子可能听起来微不足道。我肯定大多数人在谈到他们爱吃的冰淇淋时,不会在意别人的看法。但是,当我们的世界观被人品评时,不快感可能就会增加。然而无论我们对于别人的评价有什么感受,我们仍然免不了要评价别人。我们相信自己的方式是最好的方式。但是,对于我们来说正确的却未必适用于所有人。

我们大多数人对于他人应该怎样摆脱困境或是过上更好的生活,都有自己的观点。我们说,"我永远不会那么做……",但是如果我们从未处于同样的情形之下,我们又怎么会知道呢?我们能确定自己将采取不同的做法吗?通常,我们就像是不断地告诉司机如何开车的乘客,站在局外指手画脚。

我肯定对于你最关心的人,你这样做是为了他们好,你希望给他们"最好的"建议。但是这样的建议通常是根据你的偏好做出的。例如,你可能希望别人像你一样安排支出、像你一样吃东西、像你一样居住并且和你拥有一样的信仰。但是你的喜好仅仅是你的喜好。从最终结果来看,对你自己来说它们都可能不是最好的东西,就更别提另一个人了。所以,让他人做他们认为对自己正确的事情吧。他们可能会做出糟糕的选择,但这就是人们学习的方式,让他们犯自己的错误,并且注意从自己的错误中学习经验教训。

感悟:我们不会总是在别人的经验中看到长处,我们可能会将他们的做法评价为"不正确",但是在他们的立场上,可能就是正确的。换句话说,考虑到人们在行进的方向上并不相同,因此人们此刻各自的处境可能对自己来说是最正确的。

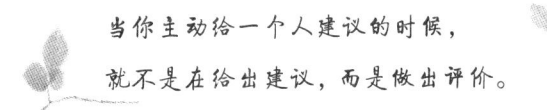

> 当你主动给一个人建议的时候,
> 就不是在给出建议,而是做出评价。

此外,当你主动给一个人建议的时候,就不是在给出建议,而是在做出评价,它将被当作批评,而批评将中断你们的关系。允许别人有自己的意愿,那么他们将愿意围绕在你的身边。对于别人强加的意愿,人们通常很难接受。记住,人无完人,特别是按照你的定义来解释"完美"的时候,其他人永远有着漫长的路要走。

16　开放

你可能听说过禅宗大师与弟子的故事。一个弟子非常自满,对自己的观点、想法和信念自以为是。他不知变通,并且不愿改变自己的思考方式。因此,大师让他坐下然后准备了茶水。大师用禅道的方式给自己倒了一杯茶,然后接着给弟子倒了一杯。但是这次,他没有适时停止,而是继续倒,使杯中的茶水溢出来。学生慌乱地惊呼:"老师,您在做什么?"大师镇定地答道:"这个杯子就像你的大脑。除非你清空它,否则你永远学不到任何新的东西。"

以上是古老的智慧。下面是新的理解。

感觉器官——皮肤、眼睛、耳朵、舌头和鼻子——都是引导我们生活航向的工具。它们就像接收器一样,给我们提供外部世界的信息。如果只依赖它们自己的构造,大量的刺激将使我们不堪重负。但是我们开发了一种巧妙的方式阻止规模庞大的感官体验压垮我们。我们在其中搜索出最有趣的信息,然后加以归纳、删除和转化。简而言之，就像服致幻药一样，我们预先定制了自己的感受。

问题是我们的过滤系统受我们思想的影响。我们通常意识不到自己的思想是非理性的。因此我们将别人及其特征进行归纳，然后只期望他们比自己差，删除我们需要注意的重要信息，或是曲解别人说话的意思并做出不恰当的反应。

但这些还不是问题的全部，情况可能更糟。要知道，我们都有一个不好的习惯，即寻找那些符合我们思维方式的信息。因此我们的思维不但决定了我们的现状，它还使其进一步强化——不管这种现状多么反常。让我们正视这个现实：正确感使我们自我感觉良好。因此我们习惯性地避开与我们思维不相符的人们和现象。

你大概常听人们在怀疑时说："我只有看见才能相信。"但是，更准确的说法应该是："我只有相信才能看见。"因为你对于世界的洞察总是建立在你的习惯思维（你的信念）之上的。它们设定了路线图，引导你在生活中的前行方向。如果你以健康的方式思考，那么理性的思维将指引你实现愿望。以不健康的方式思考，僵化的思维将让你到处碰壁。

这就是问题所在。

现在来谈谈解决方法：要心胸开放。以一种看待新事物的眼光来处事待物。将你的茶杯清空，暂不考虑你的观点、想法和信念，然后尽自己的所能，把握进入你的大脑的全新感觉资料。思考自己目前的观点，寻找是否有他人或是文章表达的观点与自己不同，然后寻找支持这些观点的现象。记住：发掘现象是比匆忙下结论更好的智力锻炼。

> 发掘现象是比匆忙下结论更好的智力锻炼。

不要误会我的意思，我不是让你抛弃自己的意见或是对自己的价值观念做出妥协。绝不是这样。我所建议的是你不要仅限于关注并表达自己的观点，而应对别人的观点进行充分的调查、倾听和理解。这样，你将以一种更为平衡的立场进行操作。而且，更为重要的是，你就不容易被哄骗、分散精力或是被带进死胡同。

17 耐心

耐心是人们渴望拥有的品质。但是在我们寻求快速满足感的文化中，很少有人拥有它。不要误解我，我们拥有24小时全天候购物、微波炉、快速定制信息与娱乐等固然是好事，但由于我们可以随时获得想要的东西，这使得我们最优秀的品质之一——等待的能力受到了削弱。

研究已表明，当孩子们面对选择——可以现在拥有一块棉花糖或是完成一个任务后获得两块的时候，那些可以等待的孩子们在今后的人生中更加成功。这是因为他们有能力抵抗冲动。我们生来就拥有不同的耐心程度，但是我们都能够做出改善。耐心和其他任何技巧一样，可以通过练习得到培养。

当然，这不容易做到。就连我们之中最优秀的人也难免有快速满足的需求。我们加速行驶，希望超过交通信号灯变化的速度；我们加紧步伐，希望排队时赶到最短的一排；就连我们无法在行动上更快的时候，头脑也在加速运动。就像是服用了毒品一样,我们对于速度成瘾。但是,为了生活得更加美好、更加充实,我们需要戒掉这种瘾癖,我们需要和"快速解决"的心态作战。

你应该了解:如果耐心是种美德,那么"订购即送货"就是一种恶习,因此不要被交钱提货的快节奏生活方式所引诱。我们很幸运,我们所需要的东西大部分都可以通过订购的方式获得,但是不要让它削弱你对延迟满足感的等待能力。如果你缺少耐心,那么从小事开始着手培养。例如,排队等待打电话就是一个很好的训练。当在小事的等待上你能够做到不急不躁时,就可以将训练发展到大事上了。

还有一点原因。你知道,欲速则不达,因此,如果你想要获得好的结果,就需要耐心。甚至学习如何做到耐心本身也需要耐心,你不能加速这一进程。如果你这样做,就不会获得同样的成果,成果在质量上就会打折扣。加速个人发展的进程就像是在鸡蛋孵化之前砸开一道裂缝,然后纳闷为什么没能孵出小鸡。

记住这句话:
耐心就是你愿意让生活以它自己的节奏前行。

记住这句话:耐心就是你愿意让生活以它自己的节奏前行。没有必要匆忙或是仓促。播撒种子,然后让自然的行程慢慢展现。换句话说,一分耕耘,一分收获。成果也许不会在你想要的时候到来;但是只要你准备就绪,它们必将降临。所以记住:等待得越耐心,成果到来得越早。

18 执著

执著是指当过程变得困难的时候坚持一项任务的能力。我们都认识一些开始行动后遇到障碍就放弃的人。在学习空手道时，我总能看到这种情况。学生们满怀热情地开始，但是初学的笨拙和迟到的成果令他们灰心丧气。正当情况马上将好转时，他们放弃了。

大多数人在生活中都曾放弃过。他们没有达成目标所需要的持之以恒的精神，可能是"快速见效"的心态阻碍了他们。例如，很多空手道的初学者都期望着朝夕之间成为大师。现今的人们都想立刻取得成果，然而真正的进步源自无休止的重复练习和为了增进技艺所做的配合训练。须知，要掌握一种技能，你需要付出时间和努力，没有捷径可走。因此，如果你没有付出时间，不要期待取得成果。

耐心与执著关系密切，它们就像是阴和阳一样相辅相成。耐心具有被动的特点，而执著更加主动。如果你希望脱颖而出,那么坚持你的追求直到最后,这就是执着的主动意义。如果成果不能立即显现,也不要丧失你的兴趣,这就是耐心的被动元素。你的进步多么缓慢都没有关系,重要的是坚持,甚至在你觉得自己没有取得任何进展的时候仍然练习,这样你才能达到自己的最佳境界。

> 耐心与执著关系密切,
> 它们就像是阴和阳一样相辅相成。

对于上面所说的一切,重要的是应用这一原则时不要过度。有的时候,你需要知道何时应该放弃。如果你的努力使你觉得自己在退步而不是前进,或是原地踏步,那么这就是休息的信号。如果休息不能使你复原,那么大概你走错了路,可考虑其他更适合你自然天赋的运动。

当然,如果你野心勃勃或是受目标驱动,那么知道何时该放弃就不那么容易了。但是不要让骄傲或固执阻碍你。坦诚地问自己:放弃的原因正确与否——这样你就知道该怎样做了。诚然,人们不想半途而废。但是坚持一项不适合你的运动是毫无意义的。

19 尊重

尊重是指无论赞成与否，接受一个人真实的样子。例如，你可能不同意一个人的政治观点、他的宗教信仰或是对生活的看法，你甚至可能不赞同他的行为和举止，但是这不意味着你不能尊重他。以友善和关心待人时，你并不一定要欣赏他或是赞成他的生活方式。

> 尊重是指无论赞成与否，接受一个人真实的样子。

这个原则或许容易理解，但遵照执行却很困难。要知道，我们往往不够尊重那些我们不喜欢的人，他们似乎不值得我们这样做。但是，如果我们能够摒弃嫌隙，允许他们按照自己的方式生活，就会使我们自己生活得更加幸福。但若是那样做过于勉强的话，那么至少要尽量避免让他们知道你不喜欢他们。

诚然，当你对某人毫无好感时，假装喜欢他是很难办到的，没有人愿意成为骗子。但是这终归是你的问题,因为所有人——不管他们是谁——都应该获得尊严和尊重。不论你是否真正喜欢他们,当你和他人产生矛盾时,把这当成自己的问题。这不是说你必须同意他们的观点从而使他们高兴。如果你有相反的意见,表达出来……但是要尊重他们。

下面谈谈该怎么做。

选择最合适的时机来进行交流。最好是面对面地沟通,使用最温和的语气。在谈话之初,肯定对方的观点,比如,"我理解并且尊重你所说的话,但是还可以用另一种方式看待这个问题……"然后通过谈自己对待事情的看法以及感受,阐述自己的观点。

要记住,在生活中我们有着不同的经历,并且在不同的环境下长大。因此,我们每个人都有看待世界的独特方式。例如,你可能是在远东地区长大的,因此认为礼貌和礼仪很重要;与之相对应,一个在西方世界长大的人可能觉得这些事情在很大程度上是没有必要的。我们不必同意他人所说的或是所相信的所有东西,但是在我们不同意时,也没有必要对他们恶语相向。

20 负责

　　这是一场永无休止的辩论。我们应对自己的行为负责吗？这是我们的自主选择吗？多数情况下，我们觉得自己拥有控制权，但有时，我们觉得事情不受自己的控制。在这些时候，我们觉得自己有理由说，"这不是我的错"。但为什么不是？当然，客观条件可能令做出选择比在其他时候更加困难，但是这样我们就有借口了吗？即便是在紧张、压抑或是受环境所限的情况下采取的行动，我们不也该为它们负责吗？

　　就拿对婚姻的不忠行为为例。如果一个男人背叛了自己的妻子，他还有权将自己做过的事情归罪到其他女人、同伴压力或是自己妻子的行为上吗？男人为自己的行为辩护的情况很常见。通常，男人们不想承担责任；而且令人悲哀的是，妻子们也屡屡责备自己。但是如果一个男人（或者女人）的行为在配偶的视野之内，他们还会这样做吗？我想不会。因此，对于他们知道自己不应该做的事情，他们有什么理由不承担责任呢？

　　我们所做出的每个行动都有其后果。但是很多时候，尽管我们充分了解后果如何，我们还是会做出不负责任的行为。例如，我们可能知道买一条裙子、一台电脑或是一辆车会使我们陷入棘手的债务之中，但是无论如何我们都要买回来。在很多时候，我们在自己的欲望面前毫无办法。我们在冲动之下做出反应，而不是花时间考虑后果。但是要拥有更加健康、更加充实的人生，我们需要学习如何在深思熟虑之后审慎地采取行动，我们需要将肢体的反应转变为大脑的反应。简而言之，我们需要承担责任。

　　我们可能无法完全控制生活，我们可能是传统习俗的奴隶，但是我们的确有能力摆脱某种特定的行为模式对我们的束缚。另外，即便世界万物的运行轨迹不以人的意志为转移，我们还是对于自己如何走到终点具有一定的控制力。换句话说，我们都将走向死亡——这是我们的宿命，我们不能控制这个事实，但是我们却可以控制自己在生命旅途中的体验。你看，对于生活中的重大事件，我们总是可以选择自己的态度，我们可以选择走正道还是走歧途。

> 对于生活中的重大事件，
> 我们总是可以选择自己的态度。

　　毫无疑问，习惯会阻碍你头脑做出反应的能力，相反它们会促使你的肢体做出反应。但是你能够改变自己的行为限制模式，你只需要更加注意这个问题，退后一步然后观察行动中的自我。记住：要改变一种行为，你必须首先意识到它。而且就是在有了清楚意识的那一刻，你才有机会尝试新的东西。这是你头脑反应的机会，而不是肢体反应的机会。头脑即刻做出反应，可以使考验变成机遇；肢体做出反应，生活将一成不变或者变得更糟。

第二部分

正确的做法

21 行动

长久以来,我一直对于我们之中大多数人在采取行动时所遇到的困难感到好奇——我指的是可以使得生活更加健康、更加充实的行动。我们发誓要戒烟、健身或是不再吃垃圾食品,我们可能在短时间内很有积极性,能够坚持一天或是两天,但是不能长久。那么如果不仅仅是几天,而是几周、几个月或是几年,我们应怎样保持我们的积极性呢?

一个词:情感。事实上,"情感"这个词源于拉丁文"movere",是"行动"的意思,这其中就蕴涵着保持积极性的关键。你看,我们通常知道自己想要实现什么目标以及这样做的原因,但是这种理智上的了解并不足以使我们行动起来,更别说让我们保持积极性了。由于理智上的领悟,我们会说:"是的,我脑子里知道自己需要做什么,但是我心里并不真的想这样做。"在这句话里我们坦承自己缺乏情感上的觉悟。

拿吸烟来说。大多数吸烟者了解吸烟的危害——他们拥有理智上的领悟，但是他们却继续吸烟。然而很多有过多年不成功戒烟史的妇女发现，当她们怀孕之后，她们达成了停止吸烟的目标——至少在她们怀孕的整个期间是这样，这是因为她们对于自己孩子深切的悯爱之情以及对于孩子健康的关心。

情感是一种强有力的推动力量。当你对于自己的目标满怀激情时，你就能够按照有助于实现目标的知识、建议或是见解采取行动。记住：使自己的大脑和心灵保持正确的前进方向，这样你就不必为自己的双足担心。

但是如果你的梦想、目标或是激情仍不足以让自己不断前行，那么你可能需要一些更深入的探索。要知道，推迟一项重要的活动通常是避免一种不愉快的情感状态的方式。

例如，你推迟一些事情可能是因为你害怕失败，也可能是因为你不喜欢别人告诉你该做些什么，又或者可能是因为你害怕成功。这不是说你不重视成功，而是因为你害怕一旦获得成功之后又会失去它。你看着山顶说："山顶的景色应该很好，但要是摔倒了的话可就危险了。"通常，我们不是想躲避一项任务，我们是要躲避一种不想要的感觉。但是有一种解决办法。

情感是你生活中的驱动力，但它也可以是减速器。

采取行动的关键：使行动有意义。例如，如果你的生活里总是弄得狼藉遍地，而你又无可救药地散漫无章，那么你需要想一想彻底的大清扫所能带来的好处。或许你会感觉更加舒适自在,而且更能够将注意力集中在生活中的其他方面。寄予情感,你将比原来更愿意行动。总而言之,情感是你生活中的驱动力,但它也可以是减速器。因此,你需要了解哪些情感推动你前进,哪些阻碍了你的步伐。

22 改变

生活与成长息息相关。如果你没有改变,就不会成长。如果你没有成长,那么你就要做好承受大量痛苦的准备。你看,生活希望把最好的给我们,它希望我们变得完美,因此它通过不断给我们提示来引导我们,但是如果我们忽视了生活的提示,它就会从旁侧给你以重击。

想一想这些问题:我们最终是什么时候学会人事管理的?是当我们失去最关键人员的时候。我们是什么时候开始寻求更好地平衡工作与生活之间关系的?是当我们的身体或是家庭开始崩溃的时候。我们是什么时候尝试真正轻松度假的?是在我们错过了升职或是被迫离职之后。对很多人来说,如果没有痛苦,就没有改变的动力。但是如果我们能够聆听那些轻微的信号,生活就不必成为一系列痛苦的教训。要知道,痛苦不会突然而至——它是一点一点地累积而来的。它就像是一束光,指引着我们。但是,大多数人之所以改变不是因为他们看见了光，而是因为他们感到了热。

人们常常不愿意改变，因为与之伴随而来的是笨拙与不适，你必须要在短时间内放弃安全感，这使你偏离了自己的舒适区。对一些人来说，这可能意味着放弃一种熟悉但有局限性的行为模式，放弃安全但是没有价值的工作，或是放弃已经失去意义的婚姻。但是如果你是具有活力、思想开放、懂得变通的人，你就可以在自己的改变过程中获得全新的体验，特别是当生活正朝着错误方向行进的时候。

但是如果改变已经带给你火烧火燎般的痛楚，那么下面谈谈降温的最好方式。首先，承认自己目前的处境并且抑制住意气用事的冲动。我不是说你只要忍受就好了，你需要做的是面对这种状况时，不要滑入习惯反应的轨道，而是说，"好的，我看到你了。我知道这是要求改变的呼声，现在我要花一些时间考虑一下做出怎样的反应最合适"。

下一步，对你的处境承担责任。当然，如果你的屋顶由于暴风雨塌陷，你大概没有什么责任。但是，如果你对发生的所有事情都不承担责任的话，你就可能会陷入无助的受害者心态。你需要问自己的是："我应该如何从这次经历中获得成长？"

接下来，明确你需要改变什么以应对目前的处境。在这个问题上，你应该特别留意自己应该从中学到什么。你的处境可能正在教导你变得更加刚毅自信，成为一个更专一的配偶或是实现生活与工作的平衡。

最后，采取行动。在你生命存续的整个期间内，生活总是会带给你需要学习的东西。你所做出的每次改变都将使你在实现自我价值的道路上走得更远。在你所学到的每一课之中，都蕴藏着一个获得更好的新生活的机会。

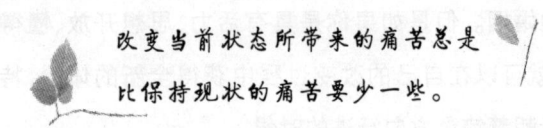

> 改变当前状态所带来的痛苦总是比保持现状的痛苦要少一些。

如果我们是诚实的，我们就不会希望一切都保持原状。谁不想自己生活中的某个方面能够有所改善呢？没有改变，就没有过上更好生活或是结束苦难的希望。人们都想见到从坏到好的改变，但是你要了解：不管朝哪个方向发展，所有的变化都是向着更好的变化，因此记住不要抗拒改变。因为改变当前状态所带来的痛苦总是比保持现状的痛苦要少一些。因此，积极行动起来——寻求改变，在它找到你之前！

23　竞争

关于空手道竞技,有两派思想。一派认为它通过鼓励技巧的发展而带来了进步;另一派认为它导致了妒忌、贪婪或是对于他人地位或头衔的垂涎。

竞争在空手道界和在生活中都是一个争议性的话题。但是无论你对这一问题持何立场,你都不能避免竞争。你会发现,从公司里的一个新职位到火车上的最后一个座位,自己总是在为某件事竞争。

我非常赞成竞争。有些时候,一个竞争对手对你的发展所提供的帮助,将比一位好朋友提供的帮助还要多,这一点我稍后将会做出解释。但是当竞争超过一定程度时,就变成了一种不健康、让人讨厌的驱动力量。

你看,很多竞争者憎恨那些比他们更好的人,因为他们把这些人看作是阻碍自己进步的绊脚石。他们也害怕那些他们认为稍逊于自己的人,因为他们害怕这些人可能会通过某种途径超越自己。简而言之，竞争导致人们嫉妒胜利者，蔑视失败者，并且对所有人都持怀疑态度。

想一想你浪费了多少时间和精力来关注你的背后，而不是继续自己的生活。与生活在紧张迭起的竞争世界中相比，一定还有更好的生活方式。是的，的确有更好的方式，而且这并不意味着你必须完全避免竞争。用正确的态度来对待竞争，你就会呈现出自己的最佳状态。

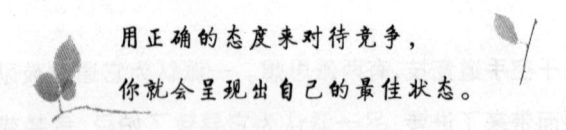

> 用正确的态度来对待竞争，
> 你就会呈现出自己的最佳状态。

要知道：总有人比你更博学、更有才华或是更受欢迎。不要用别人来衡量自己，不要让别人来决定你该为自己设定什么目标。相反，确定对自己有意义的目标和对象，与自己竞争。用你去年的进步来衡量你今年的进步，而不要用你对手的进步来衡量。

下面该谈谈我前面承诺要给出的解释了。

我们每个人对成长的渴求都是与生俱来的，而且当面对挑战的时候，我们最可能将这种愿望变成现实。挑战让我们离开了自己的舒适区。当我们面对困难的时候，我们会发掘自己的能力从而意识到自己潜能的真正极限。在空手道中，你的对手竭尽所能使你陷入困境。通过扮演你敌人的角色，他们成为你真正的朋友；在和你同场竞技时，他们实际上是与你合作。拥有一名杰出的对手是一件幸事：这会激励你做到最好。

因此，当你实现了从与人比较到自我提升的转变之时，当你把自己的对手不再当成敌人而是当成朋友之时，记住：为了要你成长，生活总会向你提供不断的挑战和杰出的对手。

24 和解

　　习武之人追求的终极目标是和谐。当然,他们训练是为了与人搏斗;但矛盾的是,这使他们选择不使用武力。他们不是躲避冲突,而是试图解决冲突,寻找共同点、一致的方面。他们选择和解。

　　大多数人回避冲突,他们不愿意与人争斗。其实,相反的态度、观点或是方法不一定非要转变成一场角力竞赛。冲突也可以是积极的。尽管如此,大多数人仍然避免这样做,结果他们变得失意并对他人充满恨意。但是,你应该明白:不作为不会解决分歧。冲突在变成一种摧毁性力量之前,应该得到控制。

　　在谈到处理冲突时,我们可以从武术中得到很多借鉴。习武者了解及早行动的重要性,他们高度警觉,他们密切注视着气氛的变化,而他们的观察力使他们拥有一种预警系统。当他们发现冲突的苗头时,他们不会主动挑衅或是置之不理,他们会保持镇定与自信。他们花时间来了解造成这种状况的真正原因,了解他人的观点,然后找到大家可以接受的解决方法。简而言之:他们选择和解。

不要误解我的意思:和解不是要你降低标准或是改变自己的价值观,和解是要你降低要求或是改变观点以便能够达成一致意见。牺牲原则的和解是错误的。我们所有人都有标准,如果我们的最低标准都不能得到满足,则必然导致不可调和的矛盾。因此,要找到合适的平衡点,不要害了自己。

> 牺牲原则的和解是错误的。

冲突可能会引发强烈的情感,因此解决问题时保持心情的平静很关键,要克制膝跳反应。花时间来仔细地思考症结所在,然后制订处理这一情况的建设性方案,达成双方都能接受的一致意见。

25 决定

在生活中,人总是要做出选择。在一天中的每一刻,我们都必须决定要关注什么、考虑什么以及要做些什么。但是通常,我们的行为模式会自动地运行,我们妄下定论,意气用事,并且重复着同样的思想。然而,为了过上更加充实的生活,我们需要了解如何清楚、慎重并且没有偏见地做决定。

我们每个人都曾有过感到犹豫不决的时候,这是一种不舒服的感觉。因此,为了避免这种不舒服的感觉,我们草率地做出决定,重复并且坚持旧的行为模式。但是,为了做出更好的决定,我们需要接受事情在短期内处于悬而未决的状态,我们需要后退一步。当我们仔细地考虑自己的境况和所有可能的选择时,我们可以清楚地知道哪些东西需要与以前不同及其改变的可能性。一些简单的问题,如"现在到底发生了什么?"和"这怎么会给我带来麻烦?"可以有助于你获得清楚的认识。因此,当你无法肯定地回答这些问题时,把它当成需要停下来思考的信号。

　　害怕出错是妨碍你做出更好决定的另一个原因。我们不想犯错误，因此我们裹足不前。于是，我们焦虑不安并放任事情变得更糟，而不是创造空间来获得清楚的认识。记住：我们不可能总是做出正确的决定，但是我们能够总是使得我们的决定正确。换句话说，无论我们如何决定，我们决定的后果都会给我们提供一些经验教训。如果我们倾听并且学习，我们就能距离做出正确的决定更进一步。

> 我们不可能总是做出正确的决定，
> 但是我们能够总是使得我们的决定正确。

　　例如，你可能选错了配偶或是工作，但是至少你要知道这不是你想要的。下一次你就会更清楚自己正在寻找什么以及什么才是重要的。因此，不要退缩，做出决定，倾听反馈，然后做出调整。

　　在空手道中，如果你试探性地出击，那么你的行动必须大胆，你永远不能肯定自己的攻击选择是否会成功。尽管心有疑问，你也必须勇敢地上前攻击。如果不是百分之百地投入，你就可能会受伤。行动时抱定无往不利的信念，你将获得成功。在生活中，做出重大决定时也是同样。花时间估计形势，然后仿佛无往而不利一般充满信心地行动。简而言之：长时间地等待然后快速攻击。

26 防卫

自人类在地球上出现以来,我们就一直是野兽甚至是其他人的美食。数千年前,当一只饥饿的狮子嗅到了我们的气味,或者四处劫掠的武士发现了我们的印迹,我们就会面对三个选择:逃跑、斗争或者死亡。通常,逃跑不能成为一种选择——你试过与狮子赛跑吗?因此,事实上,我们只有两个选择:斗争或者死亡。显然死亡不需要很多的练习——因此我们很快就学会了斗争。

今天,野兽猎食我们已不太可能。同样值得庆幸的是,无端的身体攻击也很罕见。因此,自我防卫没有太多的必要。但是,无端的情感攻击却并不少见——顺便说一句,这种感觉可能和野兽猎食你的感觉同样难受。问题是我们拥有高度发展的武术,但在情感方面却几乎没有任何形式的自我防卫能力。我猜想我们最想要的是训练"舌技",而不是武技。因此稍后我将告诉你一些防卫的技巧。

但是在这样做之前,让我们正视一个事实。

每个人都愿意取悦别人。如果我们能让我们的朋友、老板或是同事高兴,他们就更可能帮助我们。如果我们想要保留工作和朋友,那么让这些人对我们存有好感将很有用。但是有时,我们如此渴望被喜欢,以致我们过于努力地让他人高兴,结果却忘记了让自己高兴。还有些时候,我们把取悦他人的需求看得过重,结果使得他人操纵并且伤害了我们。

不幸的是,总是有些人会出于某种理由开些侮辱性的玩笑,试图通过情感敲诈来控制你,或者使用权术暗中破坏你的职业目标。但是,你并非一定要成为被动的受害者,如果你能够自我防卫就不会。因此要表明立场,但也要确定界限,因为你并不想神经紧张,或是对所有模棱两可的评价与手势都过度反应。如果你觉得对方的行为太过火了,首先温和地提示他。如果这种行为没有停下来,再试一次。如果提示不起作用,别犹豫……狠狠地给他一拳。

你并非一定要成为被动的受害者,要表明立场。

下面是具体的做法。

当你觉得另一个人的请求或是命令给你的压力过大时,告诉他"不",但是不要用唐突或者粗鲁的方式。接下来喊出这个人的名字——"杰西"。最后,让他知道你的感觉:"你看,这么说我感到很不好意思,但是……"解释你为什么必须说"不":

"我担心如果我为你做这件事,我就不能完成其他一些更重要的事情了。"将这三个步骤放在一起,你就会得到类似下面的说法:"你看,杰西,我真是觉得很难拒绝,因为我不想让你觉得我没有顾及你的感受,但是经过仔细考虑之后,我还是必须说'不'。我手头已经有很多事情要做,如果要再增加的话,我就应付不过来了。"

接下来,如果你面对的是侮辱性语言的话,那么首先停顿片刻,控制自己的情绪,深吸一口气。这不容易做到,但这样做可以使情况得到缓和。等到对方发泄了不满之后,复述他们的主要信息——去掉情绪化的字眼:"如果我的理解没错的话……"然后,如果你就对方的问题有什么补救的办法,提出来;如果没有,问这个人:"你想怎样解决?"如果对方的解决方法不可行,和他商量采用另一种方法:"那些我办不到,我只能做到这一点。"

自我防卫的关键是态度坚定而又通情达理。不要避免冲突,要学会找一些麻烦。陈述你的观点,表明你的立场。

27　专注

日复一日,我们受到信息、机会和任务的不断攻击,它们都希望得到我们的关注。因此,我们经常发现自己企图一心二用——这实际上是不可能的。我们的思想只能专注于一件事情,但是它会在各个事情之间不断跳跃,并且这些事情并不总是我们希望关注的。我们往往开始一项工作,然后中途停下来,因为我们想起了应该做的另一件事。

生活中有太多的东西可以分散我们的注意力。但是为了把事情做完,我们需要具有转移和保持我们注意力的能力。令人惊奇的是,我们浪费了生命中的太多时间思考过去或是担心未来。分散的注意力使我们没有效率。如果我们同时思考和从事很多事情,我们什么事都做不好。为了做到最好、实现我们最重要的目标,我们必须全神贯注地从事我们的活动。

冥想有助于培养你的注意力,它训练你的大脑停在现在,就是练习每次关注一件事情,然后学习如何保持注意力。这里说的一件事情可以是任何事情——一件物体、一个人、一种声音或是一份感情,绝对是任何事情。但是重要的是,只有一个关注点。当你能够专注于当前的时候,你就能够将所有的心思都放在手头的任务上,从而养成成功所需的一种关键技能。

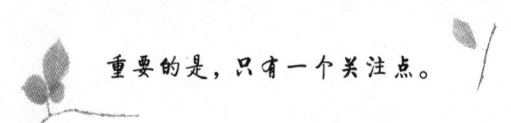

重要的是,只有一个关注点。

这里有一种简单的冥想练习,能够帮助培养你的专注能力。拿出一张白纸,在中央画一个黑点,黑点的直径大约一厘米左右。接下来,把纸粘在墙上和视线平行的高度。现在,把你的注意力放在黑点上一分钟。你坐着或是站着都不要紧,但设法让你的背部保持竖直,头抬起来并放松。

无疑,你将感受到你的思想偏离了你的关注点,这很正常,因此不要过分苛责自己。不要强迫自己集中精力,只需在你的思想游离之后,平静地将你的注意力重新放在黑点上。这就是冥想的过程。当你能够专注一分钟之后,尝试两分钟,然后三分钟,以此类推。

培养注意力就像是肌肉锻炼——这需要时间和努力。坚持短时间的练习,五到十分钟,而不要长时间却非经常性的训练。每天都留出一段时间来练习,这将帮助你养成习惯。

简言之,专注是业余选手与专业选手的差别。在工作中,这造成了表现一般的员工与明星员工之间的差距;在生活中,这造成了你的现状和你的理想之间的差距。如果你的注意力短暂,那么你就永远不能长期坚持一项追求直到获得成功。你将永远在任务和任务之间、项目和项目之间、兴趣和兴趣之间跳来跳去,总是忙碌却永远不会完成有价值的工作。

你的目标应该是:在你想要做到的时候,你可以一次次地用百分之百的注意力完成任何活动。这并不容易。思想从一件事跳到另一件事是很自然的事情。但是通过练习,你可以学会使这种大脑运动平静下来——增加你在长时间内专注于一件事情的能力。这样,你将会更加放松,你将能够更加清楚地思考,并且在面对问题时能够更加从容地找到解决方法。

28 原谅

对于原谅,我们都有一个限度。对一些人来说,见面时迟到5分钟?嗨,没关系;迟到15分钟?他们就会勃然大怒。你看,生活中我们所有人都有一定之规:什么是正确的,什么是错的;什么可以接受,什么不能。而在我们的规则里,可能在某处存在一行小字:"所有人必须遵守此规则。"那么如果他们不遵守……

现在我要说的可能令你震惊,所以请你站稳。你要知道:你的规则并不是唯一的规则。事实上,这种规则可能和这个星球上的人类一样多。当然,在内容上可能存在一些重叠。但是,当涉及我们的日常生活时,一些小事如"你不应该迟到15分钟"就变得重要起来。换句话说,正是因为他人对我们微妙的个人规则的违反才导致了不满情绪的产生。

在揭露了这一真相之后,如果你并没有出现创伤后的应激反应,那么下面这些保证能够让你发生这样的反应。尽管听起来很奇怪，但是人生来就是要犯错误的。是的，我们会不断地犯错误，让我们正视这个事实。我们经常令别人失望。谁不是呢？此外，我们还将由于失误、无知或是方法不当而继续犯错。如果不是这样，我们可能永远不会进化，因为我们没有改善的动力，也不存在可以改善的东西。

因此，为什么当别人违反了我们的规则时，我们觉得难以原谅他们呢？这很怪诞。我们不会怨恨鸭了发出嘎嘎的叫声，因为这就是鸭子该做的事情；但是如果我们最好的朋友、同事或是爱人不能遵循我们个人规则中的某条规定，那么够了，他们必须付出代价。通常我们选择的惩罚是以牙还牙、反击或是报复。但是我们非得让自己的行为降低到我们原本不齿的行为水平吗？还有些时候，惩罚的方式更为复杂：对于与之有关的东西全部抵制。在这两种情形之下，我们希望伤害我们的人了解我们受到的伤害有多深，因此我们惩罚他们。我们希望他们感受到我们的痛苦或者比之更多的痛苦，但是当我们拒绝原谅时，我们最终是在惩罚自己。

现在，如果经过这番推理之后你仍然同意我的观点，下面的一些话可能会结束这种情况。你看，某种意义上讲，我们没有理由因为任何事情而原谅任何人，因为原谅暗示着在某个人的错误中存在着主观故意，但是我们伤害别人的时候从来都不是我们的得意之时。在地点、面对的环境以及所能采取的应对这些局面的方法既定的条件下，我们总是在竭尽全力地做到最好。如果我们能更有头脑的话,我们一定愿意做得更好。

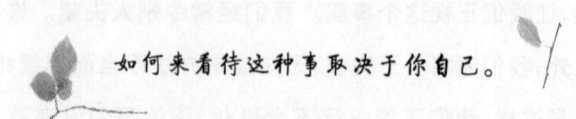

如何来看待这种事取决于你自己。

这并非易事,我知道。我们所有人都有自己的底线。但是,你应该非常清楚地意识到:是你给了他人伤害你的权力,但是你可以收回这种权力。如果有人冒犯、不尊重或是侮辱了你,记住,如何来看待这种事取决于你自己。把这个人看作是困惑、有缺点、情感上不平衡、需要爱与关注、处于痛苦之中或者很脆弱的人,那么你会发觉同情他变得很容易。更重要的是,你就没有原谅的必要了。

这种生活方式不是说你必须让别人凌驾于你之上。在需要的时候保护自己,但是不要在你的头脑里不断重复对方的过错,一遍遍地在伤口上撒盐。受精神痛苦的折磨并不会令你觉得好受一些,而归根到底,我们所做的一切都是为了让自己感觉更好,更加平静的心情和更加快乐是我们的目标。因此,不要反复强化记忆,用力将它擦掉吧。

29 付出

对一些人来说,"付出"这个词意味着牺牲,但是付出和牺牲之间有着很大的区别。付出是基于真心帮助他人的欲望;牺牲源于一个错误的论断,即为了给他人提供一些东西,你必须首先放弃它。这个"提供与放弃"的论断具有更为深刻的寓意,但是付出是为了使你自己受益,是为了你的满足感。"那不是很自私吗?"你可能会问。是的,的确是这样。但是从更深一层来说,你将通过帮助别人来满足自己的个人利益。让我解释一下。

付出是健康的,自然万物总是在不断地放弃一些东西来更新自己:树上会落下树叶,你的身体会脱落表皮细胞,太阳会释放热量。你看,如果自然界中的事物只是繁殖而没有死亡和更新,那么自然体系就会受到破坏,这个体系的健康和发展就难以为继。当我们拒绝付出、不断积累并不再放弃的时候,我们就成了自己的障碍。因此忘记"提供与放弃",用"为生活而付出"取而代之吧。

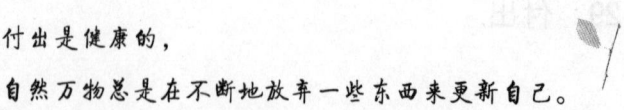

> 付出是健康的,
> 自然万物总是在不断地放弃一些东西来更新自己。

通常当人们付出时,在他们的思想深处,他们期待得到一些具有同等价值的东西——可能不是今天或是明天,而是今后的某个时候。他们付出是为了得到——不是从生活之中而是直接从他们的付出对象那里。但是这样做是错误的,没有必要为接受你礼物的人记账。

记住:当你付出时,生活一定会提供给你所需要的东西,因此不要介意你从他人那里得到什么回报。当你坚信生活一定会提供给你所需要的东西时,你将自由地付出而不期待回报。玫瑰花令你体验到它娇艳的红色或是芬芳的香气,你的付出也是这样。付出应成为你天性的一部分,你的付出纯粹是为了获得付出的快乐。

简言之:付出你的资源、才智和能力以使他人过上更好的生活。慷慨一些,这是通向更加完满人生的道路。

30　放手

大部分人之所以会遭受苦难是因为我们不懂如何放手。例如,当应该放手时,我们还是紧紧抓着令人不快的想法和经历不放。又或者,我们试图通过一遍遍重放那些引起我们不快情绪的情节来解决情感问题。但是这样做之后,我们并没有让情况好转,反而对所经过的痛苦念念不忘。我们需要做的是学会放手,让不好的感觉自然地烟消云散,因为最终它们是一定会散去的。

> 让不好的感觉自然地烟消云散,因为最终它们是一定会散去的。

这就像是在健身房里骑固定自行车,如果你停止踩踏,车轮最终必将停下来。紧抓住一种想法不放就如同增加自行车的旋转:我们不断地踩踏——我们在头脑中一遍遍地温习同样的想法。我们的精神会莫名地疲惫——我们没有离开原地一步,但是我们的身体感觉就像是刚完成环法自行车比赛一样。

在生活中我们常常给自己制造麻烦,使得我们进步的速度减慢。这里有一个故事可以很好地说明这个问题:有三个人出发去旅行,每个人都背了两个袋子———一个在胸前,一个在背后。他们中哪个人最先到达?

有人问第一个人他的袋子里都装了什么？"在我背后的袋子里,"他说,"我装的是朋友的所有善行。因为它们在我的视线之外,也就在我的思想之外,所以我对它们毫不在意,很快就把它们忘了。我胸前的袋子里盛放的是人们对我做过的所有不友善的事情。每天我在途中休息的时候都把它们拿出来研究。这减缓了我的速度,但是我没有遗漏任何人做过的任何事。"

第二个人说他在前面的袋子里放的是自己做过的所有善事。"我总是把它们放在我的前面,"他说,"把它们拿出来并且晾晒一下让我很愉快。""你后面的袋子似乎很重,"有人问,"里面是什么？""只是我的一些小错误,"第二个人回答说,"我总是把它们放在我的背后。"

人们问第三个人在他的袋子里放了什么。"我在前面的袋子里放的是朋友们的善行。"他说。"它看起来很满,一定很重吧。"一个观察者问道。"不,"第三个人说,"它很大,但不重。它根本不是负担,而是像船帆,帮助我向前行进。""我注意到你后面的袋子底部有个洞,"那个观察者说,"它看起来是空的,没有什么用。""在那个袋子里,我放的是从别人那儿听到的罪恶,"第三个人说,"它们都掉出袋子丢失了,因此没有重负来阻碍我。"

学到的东西:不要被你不愉快的经历拖了后腿。学习松开你紧紧握住的不健康的思想。记住,如果你想的是昨天发生的所有坏事,你就不能享受今天的快乐。

31 倾听

你是否曾经注意到:那些在交谈时说得少的人往往说出了更多的想法?甚至可以这样说,那些在交谈时说话越少的人得到的报酬越高。我们大多数人不会把倾听当成是可以用来赚取报酬的技巧,因为这是我们自然而然的行为。然而,我们没有能够理解听到和倾听的区别。要知道,听到是非自愿的,但是倾听是自愿的行为。中国有句成语:"视而不见,充耳不闻……"要倾听,我们必须集中注意力。

你的注意力是一件有价值的商品。为了抓住你的注意力,各种机构支付高昂的费用来制作电视广告和设计海报,声效、歌曲和广告词也竞相上阵以引起你的关注。但是,倾听是有意识地将注意力集中在某种声音上的行为,它不是一种被动的活动,而是一种选择。

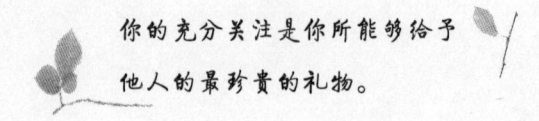

> 你的充分关注是你所能够给予他人的最珍贵的礼物。

事实上，你的充分关注是你所能够给予他人的最珍贵的礼物，这是爱的行动。如果你不关注你的配偶，那么很快你的配偶对你也不再关注；如果你不关注你的子女，那么很快他们对任何东西都不再关注——这也可以被称为注意力缺乏症。你的关注肯定了对方的存在。没有人希望被忽视或者感觉自己不重要。从某种意义上讲，爱就是关注。

被称为"好的听众"一直是一句赞美的话。而你不可能假装倾听，人们知道你什么时候没有倾听他们的话。当我们倾听的时候，我们充分理解我们同伴的需求，减少了沟通错误的情况，从而建立了更巩固的关系。倾听是沟通的关键，而有助于你成为好的沟通者的所有因素对你的事业也同样重要。

不幸的是，那些希望能够在事业更上一层楼的人们总是相信，多说要比倾听对他们更有帮助。这是因为他们看到获得丰厚报酬的人们通常很自信、口齿伶俐、能言善辩、脑子里装满了有趣的想法和东西来告诉别人。但是为了使自己的谈吐听起来更为机智，他们使用复杂的语言、模糊的术语，在会议上批评他们的同事，打断别人的话。简单地说，他们说得很多但是听得不够。

但是倾听并不总是与别人有关，它也指倾听自己的声音。如果我们学会停顿，沉默片刻，我们就能发现自我内在的引导声音。我们所有人都拥有内在的引导力量，但是我们不是总能充分利用它。通常，我们的脑袋里充斥着太多的噪音。但是你会发现,你越是平静时,你能够听到的越多。没有必要去寻找这种引导,你只需留意到它的存在。事实是:虽然我们都能听到、感觉到或是知道怎么做是正确的,但是我们中很少有人会听从这种意见。

32　停顿

在空手道中,如果你想掌握精湛的技艺,那么按时训练、重复和最大限度的努力至关重要,但是这些都是在一定限度之内的。过度训练不会有任何好处,健康是工作与休息的产物,就是在间歇期间身体才变得更加强壮。生活中的所有活动都是如此。取得进步需要定期休息。事实上,从运动中可以得到的最大收获就是休息……休息与活动;休息与活动;休息与活动。这就像是每一种生物都在吟唱的歌曲,是生活的乐章。

休息与活动;休息与活动。这是生活的乐章。

问题是,在今天"一定要做些什么"的文化氛围之中,我们几乎找不到时间来获得充足的睡眠,就更别提休息了。我们的大部分时间都被用来追逐事物、做事情和努力"获取成功"。而且我们对于"获取成功"有着诸多的标准——金钱、名誉、权力和地位都是成功的衡量标准,而我们大多数人都竭尽全力地去满足这些标准。不要误解:有目标非常重要,做事情也没什么不好,但是你可以放慢速度,你可以短暂地休息一下,行进的车轮不会掉下来。

在空手道中,间歇是出拳试探时的一个必不可少的部分。看一名职业选手比赛,你就会注意到攻击与防守不总是同时发生。好的选手会暂作停顿来寻找对方的防守漏洞,观察对手的反应并调整自己的战术。

与之相反,缺少经验的新选手会发动排山倒海般的猛烈进攻,他们很快就会精疲力竭,因此往往会使自己处于危险的境地。生活中也一样,我们不会一直通过跑得更快或用力更多而取得进步,后退一步、停顿一下有时会带来更大的成效。

在生活中是否曾经感觉陷入困境?你知道那种感觉。你尝试所有的办法前行,但结果就仿佛是在绕圈子,什么办法都不起作用,我们大多数人(也包括我)都有过这种体验。而当你已经尝试过所有的办法但它们都不起作用的时候,你最好什么都不做。暂停下来,保持静止,这样的话正确的做法就会自己浮出水面。1973 年拍摄的一部经典电影《龙争虎斗》(*Enter the Dragon*)就很好地描述了这种方法。当李小龙发觉自己被困在一部电梯里不知道下一步该怎样做时,他盘腿而坐,暂作停顿。接着过了不长时间,他的逃生路径出现了。有时我们只需要接受现实状况,然后看随后会发生什么,以此为基础而采取行动将会奏效。在静止的状态下,你可以看得更清楚。

然而放慢速度不仅仅是关于身体的运动,它也指头脑的运动。即便在身体休息的时候,头脑也可以飞速地运动。当快速运动时,你的思想就仿佛要从你的脑袋里跳跃而出(如果这是它生活的场所)。但是当你的头脑停顿下来时,它又回到了你的脑袋里。甚至当你在沙发上放松的时候,如果你的思想没有休息,你也不会得到休息。思想的快速运动就像是在原地奔跑,你没有取得任何进展,但是你还是觉得筋疲力尽。要让头脑休息,把注意力集中在当前,不要再重放过去的事情或是想象将来事情会怎样。确认你目前的境况和正在发生的事情,休息一下,放慢速度,停顿一下。

33 计划

我很肯定你不需要我喋喋不休地解释我们为什么应该制订计划。我们都听过一句古话:"凡事预则立,不预则废。"事实上,在所有关于个人发展的书中,很难找到一本对计划的重要性只字不提,它就像是祷文,重复了一遍又一遍……令你昏昏入睡。但是现在,该是唤醒藏在这一信息背后的智慧的时候了。所有人都因为一个理由说着同样的话——计划有用处。

当你有梦想时,就能够产生激情和献身精神,这是实现你梦想的结果所需要的。但是,没有计划的梦想是没有用的。记住:只要当闹铃响起时你能够起床然后按照你的计划行事,做梦就没有害处。计划就是唤醒你的铃声。

把你的梦想转化成一系列可以掌控的行动步骤,然后给它们设定最后期限,这可以将其中的"空想"因素剔除掉。事实上,计划就是有最后期限的梦想或目标。可以这样来看它:想象一位亲属要在距离你家300公里以外的一座城市结婚,仪式在早上九点钟进行。现在,你需要计划怎样赶到那里。

计划就是有最后期限的梦想或目标。

如果你决定开车去,这可能就意味着你要在早上六点钟离开家,这样你可以有三个小时的时间完成旅行。在你出发之前,谨慎的做法是要看看地图,大致了解你要行驶的方向。也许,如果你探索不同的路线,可能会发现一条捷径。此外,检查是否有道路在施工也是明智的做法,因为这可能会耽误你的行程。生活中也是同样。如果你制订计划,你可能会发现捷径,并且选择障碍最少的道路。

下一步,你需要思考自己应采取哪些步骤来实现你的目标。你的行驶速度应该是多少?你是否需要在中途休息?你需要多少燃料?你的车需要检修一下吗?这些是你可能需要考虑的问题,这样你才能够按时到达你的目的地。你应该非常清楚地认识到:细节决定着你是否能将计划转化成现实。因此在行动之前,要仔细、全面地考虑问题。

而且别忘了,计划也需要具有灵活性。拿流行音乐 DJ 举例来说吧,他们为每次聚会准备节目单,但是他们会根据众人对音乐的反应更换歌曲,或者是变更歌曲播放的顺序。随着你把计划付诸实施,就会有需要做出调整的时候。计划不是静止的,它们应该得到修改和更新以适应新的情况。在这个世界上,所有事物都在变化,生活也在变化。因此,你也应该做好改变计划的准备。

感悟:事情不会总是按计划进行,但是为你的生活设定一个方向或是其他任何重要的目标,要比不采取行动而坐盼成功到来要好。就像在海中航行时,你不能只依靠海洋的运动,因为没有人能保证潮水会让你在你希望的海滩着陆。

34　娱乐

一些人似乎把自我发展之类的事情看得过于严肃,这可能是因为对一些人来说,获得成功或者取得胜利是生活中最重要的事。要我说,让自己喘口气。但是还有些人对自己不够严肃,对他们来说,唯一重要的事情就是过得快活。我的建议是,别犯傻了。你瞧,在设定目标时我们都需要折中选择,因为要想拥有更加充实的人生,我们需要在戏谑和严肃之间进行平衡。是的,又是"平衡"这个词。

> 人们在临死前最遗憾的事情之中,
> 列首位的就是对待生活过于严肃。
> 因此,不要让自己也这样。

通常在我们"一定要做些什么"的文化中,几乎不存在玩耍和娱乐的时间。但是你现在应该知道:人们在临死前最遗憾的事情之中,列首位的就是对待生活过于严肃。因此,不要让自己也这样。另外,娱乐可以让你离死亡更远一点儿,因为游戏和欢笑对你的健康有益,这有助于减少压力,释放体内的内啡肽,从而令你感到兴奋。

记住:过得快活不一定非要有疯狂、不计后果的行为。生活中的快乐是指更多的微笑、更开心的笑声和更好的人际关系,这对于工作也同样有益处。而且,根据我在练习空手道中的发现,快乐还能令你有更好的表现。中国古代哲学家庄子曾经很好地诠释了这一点,他的一段话表达了下面的意思:"当射手们为了娱乐而射击的时候,他们可以施展全部的技巧;当他们为了得到一个铜钱而射击时,他们会感到紧张;当他们为了得到黄金奖赏而射击时,他们会紧张得看到两个标靶。"你看,当你身心放松、抱着游戏的态度而不在意结果的时候,你就会有更佳的表现。

令人遗憾的是,轻松的心态并不是在所有的环境之下都能为人所接受。在我事业的早期,我的经理告诉我,如果我微笑得过多,那么人们不会重视我。我没有开玩笑,有些人真的认为,要获得重视他们必须变得严肃。我不同意。如果你能够使气氛变得轻松,这能表明你的自信、控制力和权威性。另外,如果你能在工作中寻找快乐,你的压力将会减少,更能忍耐琐碎的任务,并且对你的工作更满意。如果你能寻找快乐,这就不是艰苦的工作——这是娱乐。

没有人说我们必须总是微笑或是咯咯地傻笑。在大多数情况下,这是不合适的。但是要寻找合适的时机,放松并让自己开心一下。这还有助于你正确地认识自己的个人问题,因为如果你能够用自己的困难自嘲,那么你将永远能够笑对人生。

35 提问

爱因斯坦曾经说过,如果他面对死亡而且只有一个小时来想办法自救,他就会用前50分钟寻找恰当的问题。然后,他认为,要找到答案用不了5分钟的时间。

当然,在生活中我们不大可能会面对这种情况。爱因斯坦只是在试图说明问题的强大力量。但是无论我们能够活5分钟、500分钟还是500万分钟,我们都会提出一个问题,而这个问题足以改变我们的一生。我很快就会讲到这个重大问题,但是在此之前,我还有话要说。

在孩提时期,我们都有好奇的天性,我们毫无约束地问问题。我们想知道事情为什么会发生,为什么我们必须采取某种做法,以及我们到底为何要做某些事。我们总是不断地提问,直到我们的好奇天性换来正式的命令:"就按照我告诉你的方式去做","别再提问了"。

作为成人,我们仍然具有好奇的天性,但是我们不再像孩子似的自由提问。我们想知道"为什么?",但是我们不希望表现得很愚蠢,因此我们不问。但是即便我们未曾遭受过来自脾气暴躁的学校老师、家长或是苛刻同伴的责难,我们提出的问题也通常是错误的。不要吃惊,真是这样——提问是一种技巧,而我们中很少有人有机会去培养这种技巧。因此,我们来上一堂速成课。

最重要的诀窍:不要提搜集信息的问题,而要提激发智慧的问题。要知道,每个搜集信息的问题都会导向另一个问题。这大概就是为什么父母在孩子不断问"妈妈,为什么这个……""爸爸,为什么那个……""但是,为什么……"的时候失去耐心的原因。这种问题永无止境,每个问题都会导致另一个问题。我并不是说你要放弃学习,获得一些知识没有什么不好,但是生活不是知识的学校,而是智慧的学校。

> 生活不是知识的学校,而是智慧的学校。

我们不断提问,仿佛醉心于获得了解后的满足感。但是这种了解并不能持久,我们可能了解了这件事的"为什么",但是那件事的"为什么"又如何呢?快速类推,我们将面对世界万物的"为什么"。最终,我们将陷入困境。但是,当我们问激发智慧的问题时,我们在进步。正如你随后将会读到的,激发智慧的问题通向解决的方法;搜集信息的问题不会有什么结果。

当你掌握了这些知识并将它应用到爱因斯坦的问题上时,

你将明白为什么说提问可以救你的命。思考下面这个问题,如果你有一小时来自救,那么问"为什么是我?""为什么会发生这种事?"是没有任何意义的,你只是在浪费你的时间。如果问激发智慧的问题,你的处境将会好转:"我需要怎样做才能摆脱困境?""我怎样才能获得自己需要的东西?""我该怎么办?"如果你仍然不能找到自救的答案,那么你总可以问自己这个问题:"面对死亡时,我选择成为谁?"

好了,就是这个。正如我许诺过的,那个重大的问题就是:"我选择成为谁?"关键点是:无论在生活中你面对怎样的挑战、困难或是处境,你总是可以选择自己的态度。面对问题时,转变态度或许就可以找到解决问题的方法,它可以使你从感觉陷入困境到觉得生活中充满可能性。事实上,与需要解答的问题相比,它更像是生活的向导。

36　放松

放松让我们能够养精蓄锐、保持镇定并充分利用我们的精力。当我们放松时，就像是阀门被从水管上卸下来一样，我们的精力可以自由地流淌，毫无阻碍。而随着精力涌遍我们的全身，我们行动起来的本能需求又恢复了。

但是，为了达到最佳状态，我们需要张弛有度。想象一下，如果你失去了让自己身体的肌肉紧张的能力，会发生什么呢？你将瘫软成一堆。紧张是生活中很重要的一个部分，在做大部分工作时，我们都需要它。但是生活在毫无必要的紧张之中就仿佛是试图在手刹半开的状态下驾驶汽车一样，为了能够以不受限制的速度向前行驶，我们需要松开手刹。

我们大多数人已经习惯了毫无必要地绷紧自己的身体，肩膀是我们可以觉察到这种紧张状态的最常见的地方。一直以来，肩膀一直被认为是承担生活重担的地方。提醒你自己放下肩膀，你将惊异地发觉自己居然会如此频繁地重复着这个动作。

没有必要的紧张会消耗你的精力,就像是水管出现裂缝一样。而且,如果这种情况继续下去,假以时日将导致身体上的疾病。为了扭转这个过程,我们需要学习放松。怎么做?从身体开始,身体是着手点,也是解决问题的根本途径。

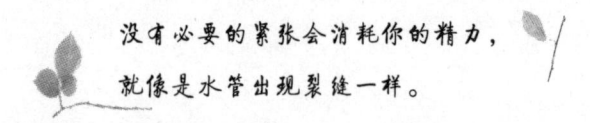

> 没有必要的紧张会消耗你的精力,就像是水管出现裂缝一样。

你身体上的紧张多数是无法察觉的,因为你的注意力通常集中在外部的事物上。但是要放松你的身体,你需要留意它的存在。因此,将你的注意力向内聚集。你现在是什么姿势?是颓废地倒在沙发上还是无精打采地坐在椅子上?你舒服吗?你的姿势是不是正在造成身体某个部位的紧张?记住,如果你的身体紧绷着,你就会浪费精力。如果你注意到自己的紧张状态并且随时留意它,你将自然地调整自己的姿势,并且最终,你将感觉这种不适消失了。

放松身体是一方面,而学习如何放松精神也同样重要。事实上,精神的紧张造成了身体的紧张。考虑消极的、不健康的、痛苦的事情,那么你会立刻注意到自己肌肉的收缩。记住:有害的想法对身体有害。学习放松精神,那么你将学会如何放开不健康的思想,你将逐渐开始一个更加有活力的人生。

那么我们如何放松思想呢?有意识地呼吸是关键。我们通常不会注意到自己的呼吸,这是因为在大多数情况下,我们这样做时不需要思考。只有当我们喘不过气时,我们才会注意到它。而当我们失去呼吸的时候,我们也就快要失去意识了。要知道,我们的大脑要依靠氧气才能存活,切断氧气供应,它将停止工作。

但是,当我们关注自己的呼吸时,我们将自然而然地恢复顺畅呼吸的能力。因此,坐下来,放松,然后注意空气从你的身体里吸入和呼出。不要刻意地大口呼吸,让它自然地发生。当你的思想游离时,轻轻地把它带回到你的呼吸上,这就是放松你思想的方式,也是重新恢复你全部大脑官能的方式。当我们将注意力放在呼吸上时,我们就把它带到了当前的这一时刻。我们将自己从强迫性思维中释放出来,更重要的是,我们的身体感觉会更好,功能也会更好。

37 简化

掌握空手道技巧，就是要让你付出的精力获得尽可能大的回报。有技巧的空手道选手不做任何不必要的动作，他们简化自己的技巧，以便能够以最有效的方式实施它们。他们的手在攻击之前不会握成拳头，他们选取最近的路线来接近目标，他们了解简单的一拳是最有力的攻击，因此他们避免使用复杂的技巧。简言之：他们令一切简单。

生活也是同样：在生活中，我们通常会做许多不必要的动作。我们追求更宽敞的房子、更快的汽车或是更大的船只。我们总是想要得更多：更多的金钱、更多的荣誉、更多的小玩意儿、更多的鞋。结果我们不得不做得更多来获得更多。最终，我们的渴望和欲求使我们的生活变得复杂。我们追求**想要**而不是**需要**，我们努力不被邻居们落下，结果必须工作更长的时间、做额外的工作并且感觉更加压抑。

解决方法：减少你想要的东西，这样你的生活将得到简化。

实现这个目标的最佳方法是把你需要的所有东西列个清单,然后砍掉那些无关紧要的东西——那些**想要**的东西。你必须对此有非常清楚的认识,因为**想要**的东西常常会爬上你的清单,把自己伪装成必需品。要知道,大脑往往会找理由保留那些生活中你并非真正需要的东西。如果你感到删除一个项目很困难,就问问自己:"这带来的是暂时的喜悦还是持久的满足?"如果它不能符合这个标准,那么它就不是一件必需品。换句话说:如果它不能令你充实,那么放弃它。

如果它不能令你充实,那么放弃它。

采取行动:简化你的生活,使它不要过于复杂,优先考虑那些你必须做的事情,每次从事一项任务,除非你能够完成否则不要开始做其他任何事。放弃一些事情,记住在你的生活中什么人和什么事情才是最重要的,然后忘记其他的人和事。听从你的心声,学习说"不",态度坚定。正确思考,直言不讳,表达尽量简短。此外记住,你生活得越简单,你的生活越丰富,一言以蔽之,这就是"简化"。

38 伸展

当你张开四肢伸展身体时,你的能力得到了发展,这是使你向舒适区的边缘移动、稍微超越你的忍耐力临界点的成果,它让你面对并战胜挑战。当你到达新的高度、培育了新的技能时,你就更有可能对生活感到满足。但是,不要将你的限度延伸到痛苦的程度。不舒服?可以。痛苦?那不行。换句话说,俗语"没有痛苦,就没有回报"在这里不适用;更恰当的说法是:没有不舒服,就没有成长。

在空手道中,有很多组合动作和训练若是用在真实的打斗中是没有多少实际用途的。但是,作为超越极限的练习,这可以培养你的灵活性、力量、平衡和协调性——所有这些在搏斗中都很有用处。要知道,当我们以这种方式训练时,我们是在学习忍耐不适的感觉,而且我们增强了迎接困难的意志力,这是进步的唯一道路。生活中也是同样的道理:只有在舒适区的边缘,你才能实现自我发展的更高层次。因此,如果有任何事情让你觉得不舒服，那么仔细地看看它，它是通向你更为满意人生的入口。

你应该知道：我们所有人要实现发展，都需要经历不舒服的过程，因此你需要为自己设定有挑战性的目标。进行一场你可以轻松获胜的比赛毫无乐趣，当你必须努力发挥才能成功时，你就会从取得的成绩中获得满足感。因此设定将你带出舒适区的目标，争取新的高度，发展新的技能，这会使你感觉更加有活力、更加充实。

我们所有人都愿意保持舒服的感觉，无论是在身体上还是在思想上。但是当我们舒服的时候，我们会变得僵硬，我们抗拒改变，我们没有学到新的东西，我们没有成长。因此，让我们每天在身体上和思想上都伸展一下，做一些让自己感觉不舒服的事情吧。

> 但是当我们舒服的时候，我们会变得僵硬，我们抗拒改变，我们没有学到新的东西，我们没有成长。

试着这样做：靠着一面墙站好，将你的双脚平置于地面，然后竖直胳膊，看一看你能够向上伸展到什么程度。一旦你达到了自己的极限，那么争取超出百分之一，看看你是否能够伸展得更远一点儿。大部分人都能够，我们总是能够稍微多做一些，甚至是当我们身处极限边缘的时候。

39　相信

想象一下,我想邀请你来完成一个简单的信任游戏:站在我的前面,我会确保我们之间留有一米的距离,现在身体保持竖直向后倒,不要回头看,因为我会接住你。你会相信我吗?你的答案会由许多因素所决定。大概第一个你想知道的事就是我是否能够承受你的重量,接下来你可能希望我先通过和他人完成这一动作来展示自己的能力。无疑,一连串的成功记录将会降低你的恐惧和对风险的看法。

但是,我的表现和记录不是决定你对我信任程度的全部因素。要知道,当谈到相信他人时,我们都有着自己的个人历史。如果你曾经有过很多次相信他人的经验,那么相信别人对你来说就相对容易;相反,如果曾经有人背叛过你的信任,那么你可能对所有人都高度怀疑,无论你对他们了解多少。这两种情况之间没有孰好孰坏之分,两者都可以导致好的和坏的结果。例如,过于相信可能导致草率的决定;而信任破碎的经历可能使你不再容易受骗,但同时也会让你对于受到蒙骗神经过敏。

　　不幸的是,对于评测可信赖性没有统一的公式。当然,在你相信他人之前观察他们在一段时期内的行动不失为一种明智的做法,但是我们永远不能确定他们今后的行为。因此,是否相信他人,这时就需要你相信自己的判断。要知道,归根结底,相信与否由你来决定,人们永远不能强迫你来相信他们,付出信任有赖于你的决定。在某种程度上,准确地说,信任是一件礼物。

> 是否相信他人,这时就需要你相信自己的判断。

　　我们与他人的关系是建立在信任的基础之上的,但是这不是说我在锻造与别人的纽带之前,必须在所有领域都相信他们。信任不是一个"全有或全无"的概念,因此如果你希望和一个人重建信任,那么记住,你总能发现自己在某件事上可以相信他。人们总是在他们生活中的某个方面表现出连贯性——即便是他们言行不一的现象。这听起来可能很奇怪,但是一旦你形成了对一个人的预期,或好或坏,你将能够更好地重新建立起信任。

40 胜利

对一些人来说,一切都是比赛。他们总是争取最快,达到最高峰,或是成为第一名。要是什么东西只剩下一件,他们定要为了得到它而竞争。在工作中,他们总是迫切地要求取得进展,行动时就像与敌作战的勇士一样。

别误会我的意思:争取做到最好、取得胜利或是成为第一没有什么错,事实上,获胜的愿望是积极性的一个重要来源,它能够提供干劲和决心。但是要想在生活中获胜,你有必要再回想一下那个词——"平衡"。

要知道,如果获胜是你参加一项活动的唯一理由,那么你就是在自找麻烦。当你的生活只围绕着一件事进行时,那么这件事可能会令你崩溃。因此,后退一步,看得更远一些,寻找平衡,就像所有职业运动员都会告诉你的那样:胜利的确很重要,但是胜利不是一切。

的确,认输并不容易,特别是当你在结果上寄予了情感的时候。可以肯定的是,胜利的感觉更好。事实上,对大部分人来说,他们的自我价值就被包裹在胜利之中,而包裹的材料又是那么容易破碎。但是,还有另一种看待胜利的方式。这是一种经过考验、可以信赖的方式,这种方式将保护你避免在通向最好的道路上遭遇危险。

那么是什么方法呢?简而言之:以同样的心态对待胜败。为什么?因为或早或晚,胜利带来的刺激将会减弱,然后不久,你将不得不开始再次为了胜利而努力。要知道,最终的结果是同样的。如果你失败,你必须努力。如果你获胜,你还是需要努力。这不是说你不应该享受自己的胜利。但是胜利的欢庆是短暂的,失败的失望也是同样。你越早让这些感觉消逝,就能越早地回到努力的过程之中;归根结底,这才是真正的目标。

是的,归根结底,获胜是个过程而不是结果。换句话说:为了获胜,你需要抛开胜利。这一思想源于中国古代的儒家哲学,虽然这听起来有些让人迷惑,但是它非常有道理。就像我在空手道中所学到的,只要你开始关注得分,你就不会再倾听身体的呼声,你就失去了大脑—身体之间的联系,而这种联系对于杰出的表现是至关重要的。生活中也是同样:对于奖品的关注必然使你重视胜负;而对于过程的关注将让你发掘自己的潜能并且增加你的乐趣。

> 对待胜利的最好态度就是超然、坚定的态度。

总而言之：对待胜利的最好态度就是超然、坚定的态度。但是要记住，历程要比奖品更为重要，因此，尽你的全力，从你的错误中学习，并且享受其中的过程，这是通向胜利的道路。

第三部分

正确的理解

第三部分

卫生防疫工作

41 意识

如果了解自己是所有智慧的开端,那么你应该知道这一点:自我是不存在的。我没有骗你,自我的概念是一种假象。我知道一下子要接受这么巨大的变化可能很困难,所以我将把它分解成可以控制的几个部分。可能这样做之后,你就能够为自己节省下旅行费用,不必周游世界(或是跋涉山巅)寻找自我了。

那么我们开始吧。首先,让我明确指出一点:自我是不存在的,但是这并不意味着你不是真实存在的(显而易见)。这句话的真实意思是,不存在始终如一的自我。没有固定、不变、永恒的你。

花一分钟思考这样一个问题:你如何描述自己?你描述自己的外貌:"我的个子很高,头发是黑色的。"你描述自己的职业:"我是一名马拉松运动员。"你描述自己的想法:"我相信人类的苦难大多是由外因造成的。"你描述自己的感觉:"我对任何未知的、不确定的或是可能危险的事情都感到不安。"你明白了吗？这些事情中没有一件是永恒的。诚然,其中一些可能比另一些存续的时间更长一些,它们可能会重复发生。但是,在不同的程度上,它们都在发生变化。简言之:你是一个过程,不是产物。

其次,现在,但愿我已经松动了固定、不变、永恒的自我这一错误概念的根基,那么让我回到这一节的主题——意识。要知道,我们自己还有一个重要的方面,但是无论我们多么努力也无法充分地描述它,它就是意识的不变过程。

意识让我们知悉我们的处境和体验。没有意识,就没有世界,这是我们身上永恒的部分。因此,如果与十年以前相比你的容颜已明显变老但是仍然觉得自己同原来一样,那么大概这是因为你的意识没有变化。我们对世界的观察是通过意识进行的,在某种程度上,意识是你最本质的自我。我们不能看见意识,正如我们不能看见自己的眼睛一样,意识就是你看世界的眼睛,我们不能指出它的位置,它不留下任何的痕迹。它不是一件东西,但是从某种意义上讲,它是世界万物。

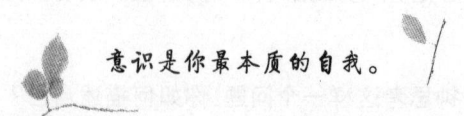

意识是你最本质的自我。

我可不想因为自己对于哲学问题的遐想令你疏离,那么让我们重新回到正轨上。第三,这里要说的问题是,我们做事时很少以纯粹的意识为指导。我们在自己的体验之上建立起一个梯次,这一梯次是根据我们愿意听到、愿意看到的倾向性自然构成的。这样,我们形成了成见,损害了与他人的关系,并且根据不准确的信息做出糟糕的决定,这就是问题所在。

那么,解决的方案在这里:不要判断——而要观察。注意真正在发生什么事情,而不是迷失在自己的幻想、记忆、希望以及恐惧之中。抛开梯次对你的影响,转而从纯粹的意识的角度来看问题。

42 控制

我们通常会自发地认为自己能够影响或者控制生活,创造我们自己的现实,让事情发生。如果我们不能的话,那么我们需要更加努力地尝试、更坚定地相信、更多地感受,等等。但是所有这些建议都是在误导你。

不要误会,具有生活的掌控感是健康的。没有这种感觉,也就没有理由来制订计划、设定目标和采取行动了。而且即便我们的掌控感是虚幻的,它也是有用处的。问题是诸如"你能够创造自己的现实"之类的颂歌让我们认为自己能够完全控制生活。而很显然,我们不能。记住:生活在不断变化,而它不会总是向我们选择的方向变化。

但是即便这样,我们仍在努力得到绝对的控制权,我们企图将世界引向另一个方向,就仿佛我们相信自己能够把地球抱在怀里使它停止转动一样。当然,这是不可能做到的,世界让我们跟随着它的脚步。然而,为了争取控制权,我们竭尽所能,更加敏捷、更加努力、更加忙碌,但却永远不能将生活置于自己的完全控制之下。

不要误解我的意思,有自己的喜好和向着更好的生活而努力并没有害处,谁不想自己健康、富有或是快乐呢?但是当我们不能使自己的喜好成为现实的时候,我们需要欣然接受这一点,让生活继续。这不是要你放弃对拥有更美好未来的希望,而是要最充分地利用我们所拥有的东西。当然,我们可能无法控制外部世界,但是我们总是能够选择自己面对世界的态度。

但是这还不算完。我们还试图控制他人,我们希望将他们控制在股掌之间,这样他们就无法伤害我们。因此我们检查配偶的电话、四处巡视并给他们压力,以便他们没有机会出轨。我们知道自己的行为不正确,但我们不顾一切地希望避免遭受情感上的痛苦。然而,我们并不了解,正如我们无法控制世界一样,我们也无法控制他人。

事实上,在生活中你能够控制的东西有限,但是你总是能够控制自己。你很可能会忽视这一点,那么我换一种方式再说一遍:无论你遇到什么问题,你总是能够决定自己如何面对它。

因此,如果你丢掉了工作,你是选择意志消沉、身心憔悴、感觉受到了不公正的待遇还是选择因为开始一项新的事业而倍感兴奋呢?你对待问题的态度永远不是只有一种选择。

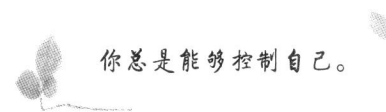

你总是能够控制自己。

总而言之：生活不会总是按照我们希望的方式继续。这时，我们需要让生活按照它自己的方向发展，因为它或许是要把我们带到我们应该去的地方。另外，说实话，我们不可能总是做出正确的决定，我们无法知道什么对自己来说是最好的。因此，我们不能完全掌控生活大概是一件幸事。想象一下，如果我们能够的话——我们的麻烦可能会增加十倍。

因此，不要总是对抗生活，而要筛选你的抗争对象。当事情不在你的控制范围之内时，节省你的体力，接受生活给予你的东西，不要紧抓着自己的喜好不放。如果你不能控制它，那么接受它，这就是改变生活的方式。

43 安逸

在呱呱坠地之前,上天已经注定我们要付出努力,因此婴儿们在降生时会哭也就不奇怪了。在这个世界上,没有免费的牛奶,如果你想进食,你最好非常清楚这一点。而情况对于我们成人来说,也没有任何改善,为了生活我们必须做出更大的努力。

但是我们大多数人都想要过上轻松的生活。我们希望不劳而获,因此我们购买彩票、赌博和冒险,希望能够一夜暴富。如果我们幸运的话,我们可以不用努力工作就获得一切,但是安逸的生活并不是唾手可得的,甚至彩票的大奖获得者也发现他们的财富不能阻止花园里野草的生长或是阻止他们的鞋子受到磨损。维护保养物质财富需要付出劳动,而最终所有东西都会磨损老化,没有东西能够永恒——即便是价值 1,000 万英镑的累积奖金也不能。

但是我们似乎永远不能克服不劳而获的心理,我们渴望不费吹灰之力就可以获得一切。因此生活分崩离析，变得困难。我们为了不劳而获所做出的努力，反而使我们更难得到真正想要的东西，这也是意料之中的情况了。

此外，我们大多数人似乎都混淆了努力与挣扎的概念。努力是指将精力投入一项活动，而挣扎是指带有绝望色彩的奋争。大概这种混淆是源于我们在童年时代的记忆。在童年时，人们经常告诉我们要做出努力、付出更多努力和更努力地尝试。要知道，作为孩子，我们不能总是清楚地知道应该采取什么行动或是应该在哪个方面投入工作。因此，当我们付出了更大的努力而不能取得成果时，我们感到灰心、紧张，并且更加努力地尝试。很快，做出努力变成了挣扎的同义词。

我在成人练习空手道时也发现了同样的情况。如果你让他们再加把劲儿的话，他们就会自动地绷紧身体，从而影响了他们的表现。他们变得很沉重，行动时必须克服僵硬的肌肉对于运动能力的阻碍。简言之：更多的努力导致更慢的进步。当他们应该感到振奋时，他们却感觉精疲力竭。生活中也是如此：人们头脑和身体的紧张状态，将导致毫无必要的挣扎和对努力的反感情绪。最好的解决方式：放松地行动。这样，你将在需要更多努力的时候反应更为积极，也能清楚地了解什么时候努力是没有必要的。

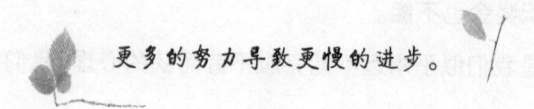

更多的努力导致更慢的进步。

还有一点很重要。

生活中要实现任何有意义的目标,你都要为之而努力。但是需要注意,不要过于纠结于最终的结果。如果你对结果过于纠结或总是希望能够改变既成事实,那么生活将变得艰难。因此为了过上更为安逸的生活,你需要做的就是在渴求改变与接受现实两者之间找到平衡,现在就行动起来。当然,你应该努力改善自己的生活,但是首先应该调整自己的状态。当你接受了自己的现状以及目前的地位时,你将获得最好的心态来改善生活。要明白:如果你怀着这种态度来努力,你就可以放松地追求自己的目标,也不会认为这是一种挣扎了。

44 精力

精力决定了我们在世间的活动能量。从读书到做饭再到做爱,我们做任何事时都要使用它。显然,我们越是觉得精力充沛,就越能充分地享受生活。但是,我们应该怎样提高自己的精力水平呢?

有益健康的营养饮食和我们呼吸的空气是我们精力的主要来源。本质上讲,食物与氧气结合,可以提供给我们能量。但是,就像汽油与空气结合为发动机提供能量时会产生汽车尾气一样,食物与空气的结合也会产生有害的废气(更专业的叫法是自由基)。我会在稍后进行解释,但是在此之前,你需要了解下面这些。

人类有求生的本能。但是,有趣的是,人类作为物种生存下来要比你个人的存续更为重要。换句话说,如果要在繁衍和保养之间选择的话,你的身体会选择生儿育女。就仿佛我们是为了人类生存而献身的烈士一样,我们为了人类这一物种的利益而牺牲自我——但是，至少我们一直以来都乐在其中。总之，我这里讲的要点是虽然我们无法控制身体的能量分配，但是我们能够控制自身对于身体维护和修复功能的需求。因此，如果我们想要更多的能量，就应该重视身体的维护与修复。

那么回到自由基的问题。

当食物与身体里的氧气相结合产生能量的时候，同时产生的副产品是许多叫做自由基的破坏性物质。但是你的身体有一种强大的防御系统来消灭它们：你的身体将制造抗氧化剂来清除它们。但是如果这种系统对于坏物质变得不堪重负时，你的身体将向外界寻求帮助，它依赖于食物中的营养物质。问题是人们日常的饮食中缺少能够提供帮助的营养物质，因此身体就会受到了损害，很快衰老，并浪费了很多能量来清除体内垃圾。

事实上，对大多数人来说，能量消耗的一个主要原因是我们的身体试图将人工添加剂从它能找到的所有营养物质中提取出来。就像将小麦从谷壳中分离出来一样，它必须将营养成分从人工添加剂中分离出来，而且这通常需要付出大量的精力，因为人工添加成分要多于营养成分。因此我们吃的食物没有使我们更有精力，而是让我们感觉糟糕。这就造成了一种恶性循环，因为身体敦促我们吃得更多以便获得它急需的营养成分。但是其结果对大多数人来说就是要吃更多的加工食品。与感觉健康和精力充沛相反，他们感觉肥胖和劳累。

想要感觉更有精力吗？那么从你的饮食开始吧。

想要感觉更有精力吗？那么从你的饮食开始吧。吃富含营养、未经过加工、植物性为主的食物。通常来说，深颜色的水果和蔬菜含有的抗氧化剂更多。例如：红葡萄、蓝莓、西兰花和菠菜都富含抗氧化剂。因此，从今天开始在你的饮食中添加一些这样的有益物质吧。

尽管这样，精力水平的提高并不仅与营养有关，还有其他的东西正在影响你身体的维护和修复功能。例如，过度锻炼可以产生自由基，因此应该在适量的基础上进行锻炼。过度紧张和消极思想也会浪费精力，因此要进行放松训练并且不要有那么多令人不安的念头。

总而言之：如果你希望感觉更好、身体功能更强，那么你应该减少身体维护和修复系统的工作量。为了这个目标，我们需要锻炼、饮食以及提升精力与健康水平的想法——而不是让你疲惫和过早衰老的想法。

45　信任

首先要提到本节的主要思想：信任就是相信。例如，如果我从一架飞机里跃出，那么我信任自己背后的降落伞，我相信当我拉开绳子时它将会打开。尽管没有在3,000英尺的高空进行尝试之前，我不能百分之百地肯定降落伞将会打开，但我相信情况会是这样。生活中也是同样。我相信生活想让我们成长，而我对于生活中成长过程的信赖就像我相信降落伞一定会打开一样。没有具体的证据证明生活正在努力地让我成长或者它将全心全意地为我的利益着想，但是对于这种观念的笃信推动着我一直前进、成长和提高。

换句话说，我的态度是：无论发生什么，它最终对我来说都是最好的事情。空手道教导我要为了获胜而比赛，即便你认为自己没有胜算时也要这样，这种心态总是能够增加你成功的机会。因为如果你认为生活是在和你作对，那么当处境变得困难时，你可能就不会有改善它的动力。因此，你要相信问题最终将得到解决,这是一种健康的态度,它不仅让你开始行动,还能让你一直走下去,特别是当你面对严重障碍的时候。记住:付出信任的人才能实现目标。

但是不要误会我的意思。我不是在兜售盲目的信任。信任不是希望,它不是等待奇迹的发生,比如不靠动力飞行的人类或是诸如此类不可能的东西。信任是主动的,因此,你当然要在跳伞前检查你的降落伞,没有必要鲁莽行事。但是一旦你检查完毕、做了你所能做的所有事情来确保安全着陆,你就需要信任你的降落伞,即生活的成长过程。

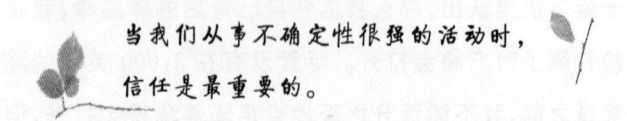

> 当我们从事不确定性很强的活动时,信任是最重要的。

永远不要忘记:当我们从事不确定性很强的活动时,信任是最重要的,这适用于所有意义重大的生活目标。但是要过上更好、更充实的生活,我们需要对未知的事情感觉安心,我们需要相信自己在生活中每时每刻的体验,我们需要坚信生活将使我们更加完善。此时此地,生活如此这般,是因为生活就需要是这样。无论现状如何,它都是有道理的。我们目前所处的任何境况对我们来说都是完美的,这是一种有益的思维方式。但是如果你采用了这种态度,请充分地认识到:表面上看起来,生活不会总是关照你。当真正的困难出现时,与帮助你相反,生活可能更像是在惩罚你,就仿佛你正在做什么错事一样。

但是永远别忘了：我们承受这些的目的不是受罚，我们承受这些是为了成长。就像是一名智慧的空手道大师面对弟子时清楚应该何时出拳以及出拳的力度一样，生活提供给你适量的挑战，要你不断回归到自己最佳的状态。因此，如果你没有取胜、提高或是得到生活中你想要的东西，那么寻找其中的教训并且付出你的信任。

46 自由

在这个星球上生存会遇到各种各样的限制。物理定律控制着我们的日常活动,约束着我们的运动并且规定了我们的生活方式,但是这些物理定律所构成的可能性却是无穷无尽的。可以这么来看待这个问题:钢琴的琴键约束着演奏者;然而,演奏者能够奏出的音乐却是没有止境的。那么如果演奏者希望更长的琴键、更多的胳膊或者额外的手指会有什么意义吗?在自己还有这么大的发挥空间时,他们真的需要摆脱约束吗?生活也是同样:我们如此努力地试图逃脱约束,而其实我们需要的所有自由都来源于我们自己。

对很多人来说,自由就是可以在自己喜欢的时候做想做的事情——且不会有任何不良后果。比如说,我们想要获得上班时间随意的自由;我们希望可以自由地在喜欢的时间说我们喜欢说的话;我们想拥有吸烟或是吸食大麻的自由。但是这些是自由的真正含义吗?根本不是。真正的自由来自内心,它不是由外部的权力所授予的,真正重要的是摆脱不良的思维习惯:意气用事、不健康的思想和行为惯性。

对于自由的渴望,通常是指渴望没有任何烦恼。当仔细地研究你的恶习、不良习惯或是癖好之后,你就会注意到它们的目的都是为了避免不愉快的感觉。我们认为如果我们能够自由地生活,追逐所有快乐的经历、所有振奋人心的事情,那么我们大概就不会感觉烦恼。另外,我们担心会缺少自由,因为这可能会束缚我们追求快乐和避免烦恼的能力。我们所有人都希望没有烦恼,但是我们大多数人采取了错误的方式。自相矛盾的是,真正的自由正是存在于烦恼之中。换句话说,如果我们希望没有烦恼,我们就需要学习如何来面对它。我们需要向内看,而不是向外看。

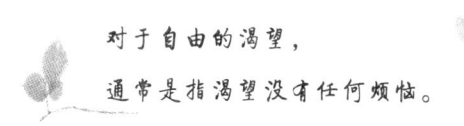

> 对于自由的渴望,
> 通常是指渴望没有任何烦恼。

这是一条崎岖不平的道路。生活中有很多的起伏,而希望能够控制低谷是人类的本性。事实上,我们人生的大部分时间都是在为如何应付低谷以及伴随而来的烦恼做准备。但是试图控制烦恼就像是试图用双手阻止潮汐一样,你无法阻挡它,但你可以学习如何乘浪前进。

我们所有人都会或多或少地受到限制,无论是在情感上还是在身体上。而且在某种意义上,我们体验快乐的能力也是有限的。坦率地说,就像我们生来不会有三只手一样,我们生来就不可能免于烦恼。因此我们需要接受这样一个事实:烦恼永远是生活的一部分,并且要学习怎样应对这些烦恼。有了这种态度,你在处理烦恼时就不会再感到那么被动,并且更有可能感觉到真正的自由。

47　目标

我们所有人都会设定目标。思考一下这个问题:如果你需要搭乘一辆早8点的火车,你就会提前几分钟到达车站。你可能因为迟到而误了火车,但这种事只会发生几次,之后你就会对误车感到厌烦。你将做出有条理的安排,使自己更早些出发,或是搭乘一辆稍晚些的火车。这就是设定目标。

如果不设定目标,我们就不能长久地生存,目标一直在推动我们前进。多少次我们曾听说过某人60岁退休几个月后突然死亡的消息? 当我们的生活没有目的、梦想或是目标时,这就意味着,生活已经结束了。

在设定目标时有一个问题,就是人们往往被成果、最终的结果或是结局所困扰,而其实他们关注的应该是其中的过程。我想起了一个故事:一名弟子问他的空手道师傅:"我要达到空手道黑带的水平需要多少年?"师傅回答:"五年。"学生又问:"如果我每周训练三天呢?""十年。"师傅答道。学生接着问:

"如果我每周训练六天呢？"这一次师傅回答："十五年。"

这个故事告诉我们：要关注如何实现你眼前的目标。循序渐进地做好实现目标所需要的每一步，那么最终你将得到你想要的黑带。不要误会我的意思：回顾过去从中学习和展望未来为之筹划都没有错，但是如果要改进现状，你必须始终回归到现在。

但是等一下，还没完，在设定目标时你需要留意另一个无法回避的危险。让我解释一下。我们设定目标是为了弥补差距——事物现状和我们认为它们应处于的状态之间的差距。这种设定目标的方法有一个问题，就是我们往往过于关注差距，特别是当我们面对重大障碍的时候，这使得我们感到不快乐。我们不满的感觉会削弱我们的动力，让我们离目标越来越远。

要知道，对大多数人来说，快乐是实现目标所带来的副产品。问题在于你最终将会了解到：你不是总能掌握或控制生活，你不是总能让想发生的事情发生，你不是总能随时实现自己想要的结果。这时你就会感到不快乐。在所有这些时候，如果你关注的是差距，将你的现状与你希望的情况相比较，那么你将增加这种差距和你的悲伤。

> 重要的不是你能够从实现目标中得到什么，而是你会成为怎样的人。

那么，你应该怎么做呢？空手道为设定目标提供了另一种方法。它教你只把目标看成是你瞄准的某个东西。它教你接受一个事实，即你的目标不是总能够变成现实。而且，更重要的是，它教你：重要的不是你能够从实现目标中得到什么，而是你会成为怎样的人。

48 健康

有人说身体是一座圣殿,无稽之谈。它是有血有肉的奇迹。告诉我:你究竟到哪儿能找到一种机器,可以消耗食物、将营养转化为能量、让体液循环来滋养与清洁、繁殖与再造,并将自己称作圣殿?

当你想象身体能够做的事情时,你就会发现这多么令人惊讶。而且在它所有的伟绩中,最了不起的可能要数它的自洁和自愈能力了。诚然,我们的汽车可以将燃料转化为能量,让水循环来冷却与清洁。但是我们在哪儿可以找到一台设备,拥有一种系统能对刮伤的机身自行修补呢?

我们大多数人对身体的自愈与自洁能力习以为常。通常,它运行得如此良好以致我们不会把它放在心上。但是与其他任何机器一样,它也会自然磨损,因此需要不断地维护。奇怪的是,我们对于自己拥有的机器要比对自己的身体更为关注。举例来说,我们给自己的汽车注入优质燃料和防护油,但是我们自己却大吃垃圾食品。

当然，公正地说，我们知道自己牙齿的健康是需要日常维护的。但是我们大多数人似乎将自己的牙齿同自己的身体区别开来。我们认为自己身体的其他部位是不同的。我们认为它们的健康是处于一种永恒的状态。而事实上，就像我们的牙齿一样，它们也处于一种逐步恶化的状态——除非我们每天都行动起来。

那么，下面这些就是你需要做到的事情及其原因：

1. 获得适当的睡眠。适当是指要适量——八到九个小时，适当也是指要有质量——深度的、放松的睡眠。你要知道，在睡眠之中，你的身体会进行自愈与自洁。它将清除白天体内积累的毒素，而且这一过程发生在睡眠的不同阶段中。因此，如果你没有给这一过程留出足够的时间，你的身体就不能得到清洁。如果让这一程序走完全过程，你醒来时就会感觉精神振作。此外，你将用开心的微笑来迎接白天的到来，而不是愁眉苦脸。记住：你一天的感觉将会跟随你嘴角扬起的方向。因此，获得适当的睡眠吧。

2. 吃适当的食物。食物为身体功能的发挥提供燃料。如果吃糟糕的食物，你的身体功能也将在糟糕的状态下运行。连续多年一直吃糟糕的食物，那么你可以预期会有更糟糕的情况发生——功能障碍。因此，为了更健康的身体，你应该吃低脂蛋白、复合碳水化合物和新鲜的蔬菜。适当的饮食是如此简单。当然,简单并不意味着容易。但是只要付出精力和自我约束,这就是可能的。因此,逐渐让自己摆脱加工的合成食物吧。当你进行食品采购时,把这句话当作自己的座右铭:保存期限越短,年轻的生命就越长。

3. 进行适当的锻炼。大多数人相信,要达到并保持最健康的状态需要花费很多时间、辛苦和努力。但是与超常规的工作和高强度的努力相比,保持健康更依赖于一个人的理性选择。如果你试图完成铁人三项比赛,那么那句古老的格言"一分辛劳,一分收获"可能会适用;但是谈到如何增进健康,它并不适用。此外,要记住,你的身体结构就是为了运动设计的,而不是为了整天坐着。因此,如果你能运动的话,就运动吧,每周三次,让心跳加速至少 20 分钟。不客气地说:要么运动,要么就大限将至。

> 你不能控制自己生命的长度,
> 但是你可以使自己的生命增加活力。

很明显,你不会永远地活在这个世界上。你不能控制自己生命的长度,但是你可以使自己的生命增加活力。换句话说:更长久地保持青春是可能的,实现它的唯一途径就是睡得好、吃得合理和锻炼……或者,你可以就自己的年龄撒谎。

49 快乐

还在寻找吗？这次你会找到将使寻找告一段落的答案或是秘密吗？我们生命中的大多数时间都用来寻找。而当我们不在寻找时，我们要么在追逐，要么在回避；总是在做着什么事情以求找到我们大多数人都在寻找的东西——持久的幸福。

但是我们并不了解，所有这些做法——寻找、追逐和回避——实际上使我们离自己想要的东西越来越远。因此我们一直努力争取的持久幸福是一个不可能实现的目标。在这个过程中，我们将目光从真正重要的东西上移开，我们心烦意乱，生命悄然滑过，但是我们却没有看见这个陷阱。为什么？我想是因为没有人曾经解释给我们听。诚然，我们都曾听到过：物质财富不一定会带来幸福，生活中还有更重要的……等等。但是，请**做到**以这样的方式来思考问题。

生活在变化，因此事物永远不会恰好处于我们希望它们所在的状态。万物都在不断地根据环境变化、成长、改进、衰老和衰竭,甚至幸福也在变化,它不会始终停留,它永远都处于来来往往之中,而且这种往复可能不是平均的分割。正如我们大家都知道的那样,乌云过后不一定总是晴天,有时我们会经历一连串糟糕的日子——几周、几个月,甚至几年。幸福没有固定模式,没有人能肯定幸福一定会来临,而持久的幸福是不存在的。

但是没关系,只要你顺其自然。要知道,我们不需要永恒的幸福、更多的幸福或是更持久的幸福,这不是我们真正寻找的东西。我们真正想要的是持久的成就感、满足感和快乐。好消息是,我们能够让这些变成现实,这是我们能够控制的东西,是我们所有人都能够实现的。但是为了实现它,我们首先需要适应不快的感觉,这就是实现它的途径。

当生活按照我们的希望行进时,幸福就出现了,随之而来的是高兴、舒适和愉悦的感觉。与之相反,当生活拒绝把我们想要的给予我们时,我们就会觉得不快,随之而来的是不舒服和痛苦的感觉。我肯定你不需要我告诉你这些,但是生活不会总是按照你的想法进行,因此不舒服和痛苦的感觉是不可避免的。最终,你面临着两种选择:要么抗拒这些痛苦和不适感,要么接受它们。我建议你选择后者。

但是不要误会我的意思。我不是建议你要积极地寻找痛苦,或是自我折磨。我的建议是采取一种不同的方法来对待痛苦:承认它的存在、迎接它,然后由它去吧。怎么做? 注意身体上的痛苦感觉。关注这种感受,不要试图回避它。如果你的肚子痛,那么注意这种紧张的不舒服的感觉,然后进一步探索其原因,这就是改变它的方式。而如果你的生活一帆风顺,那么同样,迎接愉快的感觉——但不要紧抓着不放。因为当我们抓着不放时,我们就会感到紧张。快乐中是不应该有紧张的,快乐就是对生活每时每刻发生的事情都无条件地接受。

> 快乐是对于现实的热爱,
> 不快是因为不能实现的愿望。

你应该清楚地认识到:快乐是对于现实的热爱,不快是因为不能实现的愿望。换句话说,快乐不是指努力使生活完美,而是认为生活原本就很完美。因此,无论快乐还是痛苦、晴天还是雨天,都使自己高兴起来吧。让生活按照自己的方式继续,这就是过上快乐生活的方式。

50 知识

我们所有人都希望获得知识。我们想知道明天的天气,想知道别人的思想,或是如何才能成功。知识是一种有价值的商品,我们愿意花大价钱得到它。毫不夸张地说,正确的知识可以救你的命,可以使你免受未知问题的困扰,它可以让你得到一份报酬丰厚的工作。

问题是,知识不是不变的。就像生活中所有其他东西一样,它总是处于不断的变化之中。例如,地圆说代替地方说,爱因斯坦的相对论代替牛顿的宇宙论思想。仿佛每当我们认为自己对于事物已有了最深层的了解时,新的一个层次就会显露出来。每一层的了解都是有用处的,这一点毋庸置疑,它们都扮演了垫脚石的角色。但是,你应该了解:最深层的了解就是,你永远无法获得终极的了解。没有不变的真理,知识没有止境。

我们所有人都希望自己看起来有知识。曾经有多少次,当你在课堂上或是会议上遇到不明白的事情时,你不愿意承认?特别是当你认为自己应该知道这件事的时候。

在空手道中,我总是看到这样的情况。当学生们被问到是否知道某一系列动作时,没有人愿意承认自己一无所知。他们低着头,转移视线,继续干自己的事情,仿佛他们没有听见问题一样。很明显,除非当学生们不懂的时候愿意承认这一点,否则他们将没有办法学习。学生们认为他们躲过了诘问,但是他们只是在欺骗自己,而不是老师。

那么当我们没有答案的时候,为什么如此不愿意承认呢?这是由于自孩提时期起,我们就根据懂得事情的多少而被分成不同的等级,如果不懂得就会受到严厉责备。我们的自尊是建立在知晓事物的基础之上的。观察在集体讨论中那些最自信的人,你就会注意到他们是最有知识的。没有知识,就没有发言权;没有发言权,你将溶入背景之中。如果你正在与一群朋友享受午餐,这大概不算什么。但是如果正在试图给老板留下深刻的印象,这就会限制你事业的发展。

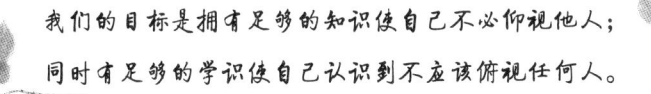

> 我们的目标是拥有足够的知识使自己不必仰视他人;同时有足够的学识使自己认识到不应该俯视任何人。

但是,让我们不要过于逼迫自己。要知道,生活远远不止是追求和炫耀知识。就像其他所有事情一样,我们需要达到平衡。我们的目标是拥有足够的知识使自己不必仰视他人;同时有足够的学识使自己认识到不应该俯视任何人。但是,如果与仰视或俯视相反,你觉得直视他人有困难的话,那么下面我要说的这些可能会对你有帮助。

人类作为一个整体,对于我们所生活的世界已经掌握了大量的信息。但是,我们知道得越多,我们越会发现自己的无知。每一点新信息都会带来一个新的问题,而一些重大的问题现在还没有答案。如果提出的问题足够多的话,你很快就会走进死胡同,我们总是有未知的东西。

感悟:问题可以卸下知识的武装,令它失去原有的威力。因此,永远不要让一个更有知识的人令自己产生自卑感;同样,也永远不要让一个没你有知识的人令自己产生优越感。

51　运气

如果我掷一枚硬币,你认为会得到什么?概率学告诉我们,得到正面和背面的可能性是相同的。我掷一百次硬币,你预计会看到什么结果?大多数人会预计看到正面和背面的次数是相同的,当时,我的看法也和这差不多。但是,我没想到的是,我连续看到了15次正面。如果在投掷之前我选择的是正面,我一定会认为自己是世界的主人。而且如果我把钱押在了正面上,那么这一轮下来,我会认为自己拥有一种极有价值的技能。

但是我们都忘记了——我知道我当时是忘记了——得到正面和背面的概率各占50%并不是说你将在两者之间得到平均的分配。正面不是总跟着背面。但是当我们重复着一连串相同的结果时,我们觉得很难相信这是随机事件。因此我们得出结论,认为是我们人为地做了这件事,而不是因为我们的运气。或者更准确地说:如果事情按照我们的意愿发展,我们很快就会认定这是自己的功劳；如果事情不符合我们的意愿，我们很快就会怪罪其他人。

内心深处，我们知道对于一些事情自己永远不能有把握，而这些事并不局限于投掷一枚硬币。生活中充满了可能带来不确定性后果的各种情况。因此，我们常常将技能与运气相混淆。

例如，你阅读了一份股票交易快报，它做出了一系列成功的预测。你赚了不少钱，然后将它推荐给自己的朋友。他们听从了建议，结果赔了一大笔钱。你赚到了钱是由于你的运气还是快报作者的技能？或者再举一例，你加入了一个网络约会的中介组织，然后经历了一系列糟糕的约会，因此你得出结论，认为这个中介组织不是很好。你警告自己的单身朋友要避开这个网站，她没有理会你的建议，注册加入并因此遇见了自己未来的丈夫。到底是中介不好还是你的问题？

简而言之：当事情按照我们的意愿发展时，我们看到了一种其实并不存在的模式。我们为这些所谓的模式创造解释，然后根据自己的推理做出不明智的决定。而当事情不按照我们的意愿发展时，我们归罪于他人，所以我们不把自己的错误当作错误，当然也不会从中学到教训。

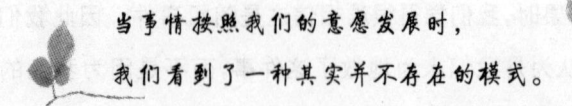

> 当事情按照我们的意愿发展时，我们看到了一种其实并不存在的模式。

我们发现模式和得出结论的能力可以帮助我们,也可以阻碍我们。没有这种能力,我们就不能了解我们的行为和后果之间的关系,就不会存在成功的法则,并且也没有计划的必要了;但是,另一方面,我们对于模式的敏感使得我们很难辨认出其中运气的成分。这是一种棘手的情况。

但是你应该明白,生活永远充满了不确定性。因此,我们永远不能确切地知道我们的行动是否会带来成功的结果。可是,我们能够清楚地知道,我们可以肯定一些事情的发生是有规律的。例如,如果你走出一架飞行中的飞机的话,你就会坠落到地面上。如果你咬了舌头,你将感到疼痛。同样,当谈到如何才能生活得更加充实时,如果你采取明智的行动,就会对结局产生重要的影响。

而最重要的是,你应该明白:如果在生活中你经历了一连串的失败,这可能不是你或是其他什么人的错,这可能就是由于生活中的随机性造成的。因此,不要认为这是由于你个人的问题,认为生活不公平或是认为生活在惩罚你。不要让坏运气降低了你对自我价值的评价。记住:世界不是不公平的;世界的本来面目就是如此,不公平的部分是你自己的解释。

52 精通

要想精通任何事情,你需要时间、专注和精力。这是一条漫长而艰辛的道路。事实上,这是一条没有尽头的道路;这更像是一种理想,而非一种现实。总是存在着更高的一个层次,让你不断追逐。那么追求精通还有什么必要呢?对于一些人来说,动力来源于获得他人认可的需求,他们需要别人承认自己是专家、是最棒的或是获得他人的尊敬。但是精通并不只是一个令人觊觎的头衔;除了可以代表一种地位之外,它能带来更多的回报。

记住:要征服"外部"世界,你需要征服自己的"内部"世界。换句话说,你需要精神上的训练。这就是对于精通的追求带给你的成长:更坚强的意志力和决心。它们在你生活的所有方面都会使你受益匪浅,它们可以使你摆脱冲动、坏习惯和情感纠葛。但是你应该清楚地意识到,归根结底带给你这些的不是你所精通的手艺或技能——而是你自己。

52 精通

从某个角度来讲,我们每个人都是大师,这是因为为了学习如何说话、阅读和写作,你必须经历掌握这些能力的过程。当你学习母语的时候,你可能不会留意到这一过程。但是如果你成年后学习了一门外语,你就会完全明白我的意思。刚开始的时候会很笨拙,你弄混了时态,你搜肠刮肚地寻找适当的词语。但是通过坚持不懈和不断重复,情况会逐渐好转。假以时日,你可以自然地开口了。

不论掌握任何手艺、工作或是技能,你都必须经过同样的过程。几小时的训练通常带来很缓慢的进展,甚至没有明显的进步。但是只要坚持不懈,你就会有提高。从某种意义上讲,精通是坚持的另一种说法。你需要忍受几个小时的重复练习;你需要不断地坚持,甚至是在非常枯燥的时候;有时你觉得想要放弃,特别是当你停滞不前时。但是,即便是没有明显的进步迹象,你要相信这一过程——你正在不断提高。因此,坚持住,通常停滞期之后,紧随而来的就是学习上的突飞猛进。并且随着你的工作或是手艺变得越来越好,这一过程会变得更让人愉悦。

你必须愿意忍受一个不舒服的阶段。

在逐步精通某种技能的过程中,你可以感受到真正的满足,而生活中总有一些你希望精通的东西。但是在开始之前,

你应该注意：你必须愿意忍受一个不舒服的阶段。在你的旅途中没有办法逃避一段很长的无聊时期，没有捷径可走，你需要全身心地投入。但是请记住，坚持这一过程带来的好处要远远超过那些让你放弃的干扰因素。

53　超脱

与普遍的看法相反,超脱与是否拥有财物无关,而与你对拥有财富所持的态度有着紧密的关系。例如,如果你拥有一大笔钱,这没有什么错;但是如果你无法想象自己的生活没有钱将会变得怎样,你就成了金钱的附属品。同样的道理也适用于你的所有财产。如果你离开它们就无法生存,你就成了它们的附属品。

超脱是健康的态度,其好处显而易见:它带给你自由,使你免受他人的控制,节省你的精力,并且让你保持理智。

当我们严肃地审视我们所执著的东西时,就会发现这的确非常怪异。我们执著于我们通常坐的椅子、我们睡的那半边床或甚至是我们用的水杯。但是大多数人并不认为他们执著于这类东西,而我能够明白其中的原因。让我们正视这个事实:如果你在生活中确实必须割舍你所坐的那张椅子、睡的那半边床或是你引以为傲的财产,那么你很快就能从失去它们的失落中恢复过来。但是关键的问题是:"多快?"评价你的执著程度的一个很好的标准就是看你需要多久才能恢复过来。

但是你应该非常清楚,恢复不等于回避。因此当你不能睡在你偏爱的那半边床上时,超脱并不是说要你睡在沙发上——来回避这种状况,那就成了脱离。超脱的态度是呆在床上,放弃你的偏好而不抱怨。你看,超脱其实是一种态度的转变。

当这些应用于你的偏好时,可能谈不上出乎意料;但是当应用于你的思想时,将带来你思想的巨大变革。

让我来解释一下。

人类的大脑充满了想法,而这些想法能够驱使我们采取行动。例如,一些人认为给予要比得到好,因此他们在最急需的时候也不愿向他人索要东西。一些人认为完美的爱情是存在的,因此他们不愿一次接着一次地恋爱。一些人认为他们不应该感到痛苦,所以他们设计了逃避痛苦的策略,这些策略阻碍了他们做出正常合理的决定。

问题在于,我们没有反复斟酌自己的想法。我们没有意识到自己对一些想法过于执著,并且没有弄清楚它们是怎样控制我们的生活的。但是,这里有一种摆脱的方法,一条通向超脱态度的路径,这就是有意识地学会放手。这不是说你应该竭力停止思考,或是用正面的想法挤出负面的想法。你只需理解,想法不是实实在在的事物,你不需要坚持不放,也不需要让它们控制你。

53 超脱

> 想法不是实实在在的事物,
> 你不需要坚持不放,也不需要让它们控制你。

如果你的想法和偏好对你的情感不再有强大的影响力,那么你就知道你正在学习超脱的路上取得进步。但是你需要意识到,事实上你总是会执著于一些事情,例如你的身体或生命。你真正需要做的只是将你对于事物、想法和偏好的执著心降到最低。

最后说一句:对人也不要过于执著是一种明智的做法。虽然这可能听起来很冷酷,但是你要了解,对于两性情感关系的超脱并不是说要制造距离、切断联系或是心猿意马,那是要断绝关系。它的意思是全心投入,但不要将你的自我价值或幸福依附于另一个人,这样才能给你们的关系以呼吸的空间和茁壮成长的机会。

54 平和

如果你想要改变或者控制事物,你的心情就不能平和;平和的心情源于接受事物原来的样子。但是,接受不代表冷漠,不是缺乏兴趣、热情或关心;而是指接受事物此时的状态,而不感到怨恨、沮丧或是恼怒。

接受给了你真正平和的体验,使你不用忧虑。要知道,当你情绪激动时,你就会把实际的困难放大。因此,与忧虑相反,你应该控制好你能够控制的一切,然后放松心情,让生活的帷幕逐渐开启。在一些情境下,你的确起不了多大的作用。但是如果你花费时间抱怨那些不合心思的事情,就会使得情况变得更糟糕。记住:心情平和是因为你知道生活不会总在你的掌控之下。有时你必须放开缰绳,让生活控制自己前行的方向。拥有这种态度,你的心情就能平静。

当你的情绪过于激动时,心情就不再平和了。不要误会,拥有强烈的情感本身并没有错。但是如果你想要在这个世界上过得更健康、更充实的话，那么学习如何让自己避免被这些情感冲昏头脑就是有益的——认识到这一点很有帮助。认识到这一点之后，你就可以观察自己的情感，成为客观的观察者，不受这些情绪的左右。要拥有这种能力，请你注意现在正在发生的事情，记下或是说出在事情发生时自己的行为、想法以及感觉。告诉自己："我感到生气（被激怒、不安或像傻瓜一样）。"然后注意伴随这些想法所产生的身体感觉。这种对待情绪的方法可以使你做出更好的决定和更有建设性的行为。但是这需要实践，因此如果你理解了这种方法但是不能很快将它付诸实施的话，不必过分地责备自己。按部就班、循序渐进，通过坚持不懈的努力，你就会取得进步。

当我们将注意力放在当前时，我们就可以找到心平气和的感觉，使自己免受焦虑，不必评判是非，也不必为了达到目标而倾尽全力。从某种意义上讲，我们不关注的事情，对我们来说就是不存在的——眼不见，心不烦。因此，它存在于我们的世界之外。大概这就是当人们不想拥有不愉快的经历时，选择逃避现实的原因吧。但是我这里讲的不是要逃避生活中的困难，而是正视这些问题并且说"我看到你了"，然后正确地回应。你应该清楚地认识到："失衡条件下作出的反应是失去自己平和心态的最快途径。"

当我们将注意力放在当前时，
我们就可以找到心平气和的感觉。

记住:你身体里有一部分是完美的、平静的和镇定的。和生活中的你不同,它没有遭受过暴风骤雨的袭击。所以,当情况变得难于应对时,你可以寻找内心深处的避难所,找到你的纯粹意识。在这里,你将找到改善自己的境况所需要的清晰思想。剥开你的习惯思维和惯常态度的层层阻隔,采取一种全新的视角,重新架构自己看待问题的方法,这就是使自己心情更为平和的方式。

55 权力

权力常常被误解,这主要是因为我们所注意到的有权力的人们通常是那些滥用权力者。但是权力也可以成为从善的力量。把权力赋予正确的人,将会带来积极的变化。例如,父母利用他们的能力来影响孩子的性格和发展;领导们巧妙地运用权力来推进组织的利益;销售人员影响自己客户的购买决定。当我们把权力当成是影响他人的能力时,我们就可以用更加积极的态度来看待它。

但是权力不仅和其他人有关,它对于你自己的幸福感也非常重要。要知道,权力让我们感觉自己可以控制我们的外部环境。正如很多心理研究所表明的,拥有控制感的人们通常更为健康,对生活也更满意。相反,当人们觉得缺少控制力时,他们就会感到沮丧并且缺乏自信。简而言之:权力对于你的健康有益。你需要对自己的生活做出积极的改变,因此,不要随便放弃自己的权力。

对于一些人来说，只是要坚守阵地并为权力而战的想法就足以让他们退缩。对于权力的追逐并不适用于所有人。我们每个人对于它的需求水平不同，一些人乐于通过影响他人来实现目标；而另一些人仅仅想要安静的生活，愿意去做别人吩咐他们做的事情。大多数人都不愿意与人争斗，他们在冲突时往往选择回避。因此如果你能够应付冲突的情况，那么若是你希望成为领导就会比同伴们更有优势。

但是即便你的目标并不是成为领导或是更有影响力的人，使自己避开那些试图在你身上滥用权力的人仍不失为一种明智的做法。例如，在人际交往中，我们有时不得不与试图操纵或是利用我们的人打交道。在工作中，我们也通常需要面对把我们当马前卒使唤的老板或是同事。因此，我们应该做好准备，这里是方法。

总的来说，当你过于在乎别人的观点时，你就失去了自己的权力。当然，建立好的声誉和获得别人的好感很重要，但是当我们过于努力去取悦他人或是给别人留下好印象的时候，我们就容易使自己受到伤害。为了保护你自己：要形成你的自我评价，不要让他人决定你的自我价值。记住，真正的自信来自内心，真正的权力亦如此。

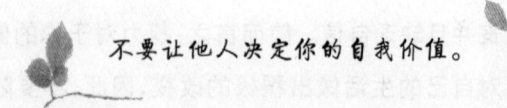

不要让他人决定你的自我价值。

另外，如果你立志成为领导或是具有影响力的人，你要理解这一点：具有同情心的人要比有肌肉的人更有力量。在空手道中，你会学到力量不是源于强健的体魄，而是源于正确地使用你的体力，而且张开的手掌要比握紧的拳头更具威力。运用权力时如果能心存怜悯的话，你将使权力成为一种强大的武器，它可以有能力使许多人的生活变得更加美好。

56 目的

目的是什么？这么做有目的吗？几乎所有人都曾想过自己活在世间的目的是什么。大概对这种问题，我们永远无法给出最终答案。但是同时，我们可以运用我们所了解的知识，最大限度地利用好我们的人生。

研究表明，成就理想中的自我和回报社会，是在生活中最能获得成就感的方法。问题在于，很少有人了解自己是怎样的人，就更别说了解自己能够成为怎样的人了。大多数人如此严重地受到他人观点的影响，以至于他们忽视了自己对于问题的想法。另外，在此之外，他们还受到社会准则或是惯常生活与工作方式——稳定的工作、稳定的收入、稳定的关系等的影响。很快，我们的生活变得如此稳定，它就不再向前发展，变得停滞，缺乏目的性和激情。

我们每个人都可以给世界提供些东西；然而，你是唯一一个能够决定它是什么的人——不是你的老师、父母或是配偶。

也许,你已经知道自己存在的目的是什么,但是由于缺乏别人的支持或鼓励,你不再把它作为生活的目标。但是,正如你不应该为了取悦他人而生一样,你也不要希望别人按照你喜欢的方式去生活。当你全力以赴地踏上一条生活道路之后,如果它是正确的,生活将会向你提供你所需要的支持。因此,不要退缩,记住:我们都可以拥有精彩的人生。

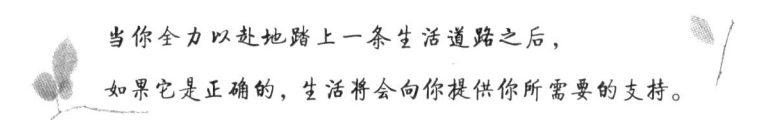

> 当你全力以赴地踏上一条生活道路之后,
> 如果它是正确的,生活将会向你提供你所需要的支持。

因此,如果你的生活除了付账单以外,缺乏目的性的话,那么现在你就应该开始寻找它了。要知道,你生活的目的可能深藏于某处,但是这不意味着你无法找到它,你可能仅需要了解到哪里去寻找。最好的起点就是过去。回想一下你曾经深刻地体会到满足感和拥有成就感的那些时刻。那时你在做什么?那时你的身份是什么?举出足够的例证,那么很快你就会看到一种模式。你将注意到有一些活动可以使你成为某种类型的人,并且因此感到很快乐。这就是发掘你才能的线索。

那么,一旦你清楚了自己的才能,你的任务就是充分地开发这些才能。因此,如果你有写作才能,那么致力于写作;如果你拥有教学才能,那么致力于教学;如果你有使人快乐的才能,那么致力于娱乐行业。然后,寻找一种方式施展你的才能,使其为他人的利益服务。要知道,生活的目的就是付出和获取。

因此——我相信你也清楚——对他人付出会比只为自己索取给你带来更多的满足感。

简而言之，这就是生活的目的：发掘、开发和施展。当然，我这里所指的是你正面的和最为有益的才能。

57　成功

你还记得自己小的时候想要成为什么样的人吗？我记得。那时候，对于我来说，似乎没有什么事情是不可能的。我想成为音乐家、演员、演奏家、医生，但最不想成为的就是作家。但是岁月使我的选择逐渐变窄。同时，我意识到，潜能和激情要比可能性更为重要。

然后，突然之间，岁月的打击又一次袭来。"可能"变成了一只丑陋的怪兽——"不可能"。而这一次，就像我的年龄一样，潜能和激情也离我远去。我年过30，身体上受过的伤病限制了我的事业发展，我永远也成不了空手道世界冠军了。就是这样了，句号。但是怎么会这样呢？我拥有才能、欲望和动力。我竭尽全力地训练、比赛，但是我永远成不了世界第一。我错失了良机。简言之：我将永远无法实现我的潜能。

我试图安抚自己，告诉自己为什么我成不了世界冠军，但是这种做法是徒劳的，这仍然让我伤心。在我的眼中，我已经失败了,而从我的错误中学到的所有东西都不能对我有任何帮助。当你错过了机会以后,它就不可能再来了。我并没有认为自己是个彻底的失败者,我可以举出一系列的成就,足以让任何母亲感到自豪。但是在我生命中的那个阶段,我并没有充分地意识到这一点。

成功并不是要获得什么东西——头衔、声望或是经济上的保障。成功是全身心地(还包括你的头脑)追逐你的梦想,并且确信即便你不能实现它,你也总是可以提供给别人些什么。有了这种心态之后,你就不太可能感到失望。要知道,无论你是否能够达到目标,你总是能够给别人些东西。在我的事例里,从错误中学习然后再次尝试已经为时过晚,但告诉别人该如何避免这些错误却一点儿都不晚。

要这样来看待上面的问题。真正的成功与奖励无关,而是指作为参与者你会成为什么样的人。这就是问题的核心:你参加比赛不是要证实任何事——你最棒、你是世界冠军或是其他任何东西。你参赛是为了有一天,你能够向大家表明自己变成了什么样子。而你的表现将成为你给他人的指导。记住:行为具有传染性。你的杰出表现将培育出他人的杰出表现。不管你是不是世界第一,你都会为他人提供他们需要的激励。你可以激发那种"如果他能做到,我也能做到"的心理。

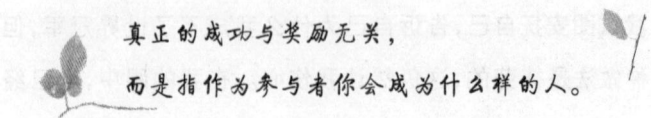

> 真正的成功与奖励无关,
> 而是指作为参与者你会成为什么样的人。

你应该了解,如果说有一条确定的通向成功之路的话,就是这一条:找出自己的才能,开发它,并在此过程中向世界展示你变成了什么样子,这样做对他人和你自己都有好处。

58 时间

时间是一个谜。你看不见它、摸不到它、听不见它,也闻不到它,但是大多数人都相信它的存在。他们认为"很远的地方"存在一个巨大的时钟,记录着正确的时间。而在现实生活中,并不存在这种东西。事实上,时间不是一件东西,但是在我们的世界里,它又是任何东西。我们整个生命的过程都是围绕着时间进行的。

当我们仔细地了解时间的时候,我们就会发现它是由人类思想所构建的东西,它仅仅是用来表述不断变化的过程的一种观念、一种想法。思考一下这个问题:我们是如何来计算时间的?我们通过观察太阳、月亮、冬至和夏至的变化来计算。但是这些"来"和"往"并不是平均间隔的单位,因此我们创造了数字,用它给世界施加了一种秩序;而事实上,与我们的愿望相反,世界本身是无序的。

举例来说,农历每个月的时间大约是公历的 29.5 天,但是我们修改了各月的天数，所以我们有了一年的12个月。当我们说一年有365天的时候，我们的意思是说地球围绕太阳转一圈需要365天；而事实上，这需要365¼天。这就意味着，每一年我们少算了¼天。因此，我们又一次修改了数字，每四年我们在最短的月份——二月——中加上额外的一天。毫不夸张地说，我们杜撰了时间这一概念。

时间可能不是真实存在的，但它却真的很重要。事实上，如果没有时间，我们大多数人都无法完成很多事情。无论从哪个角度来说，我们需要一个最终的期限。我们需要对无法取得成功心存忧虑，需要担心耗尽光阴而没有使它得到充分的利用。但是时间还能带来其他的好处。它使得我们的沟通、合作以及相见变得更加便捷，它是进步的衡量尺度，它也是一种了不起的疗伤药剂。

时间的确有很多用途。但是如果不注意的话，你可能反而被时间主宰。要知道，对于大多数人而言，他们有着太多要做的事情和并不充裕的时间。因此他们没有感受到时间的激励，反而感觉到了时间的压力。对另一些人来说，他们没有太多要做的事情而有着过于充裕的时间。因此他们没有感觉拥有空闲时间，反而觉得无聊，因为过于空闲而痛苦。我们将这看成是很自然的事情，但是时间并非必然要带给你这样的体验。你不是非要被小时和分秒所主宰。

要知道，时间是思维的产物。改变你的思维，你就改变了自己对于时间的看法。因此，抛开时间紧迫的想法，例如"就快没时间了""时间不够"，等等，关注眼前的事情：如果你在吃饭，那么吃饭好了；如果你在思考，那么思考好了。这就是逃脱时间束缚的方式。

> 时间是思维的产物。
> 改变你的思维，你就改变了自己对于时间的看法。

此外，如果你觉得有太多的空闲时间，那么不要再与之相对抗了。停顿下来，不必再全力打拼，也无须忙忙碌碌。记住：你要"做"的事情可能少了，但是对于自己可以"是"怎样的，你却有了更多的可能性。

感悟：我们渴望的不是要获得更多或是更少的时间，而是摆脱时间的束缚。因此，你应该在继续与时间同行的过程中，走出时间的幻觉，摆脱它对你的控制。

59 价值

你认为在生活中什么最有价值？对一些人来说是家庭和朋友；对另一些人来说，是选择的自由和独立。我们所有人都珍视一些东西，而且我们通常会发现自己的生活将自然地围绕着对我们来说最重要的事情展开。但是有的时候，我们却由于他人的观点和期望而使自己的注意力偏离了我们最关注的东西。我们都是奇怪的动物，我们甚至会不惜举债来购买某些东西，以便给那些我们不喜欢的人留下深刻的印象。但是，如果我们不忠于自己的价值观，我们就永远不会有满足感。

此外，我们经常发觉自己做一些事情仅仅是因为其他人希望我们这样做。例如，你的父母可能认为从事某种特定的职业很重要。因此，他们鼓励你踏上某条道路。也许，你不想让父母失望，因此你按照他们的话去做。而现在，你发现自己憎恨你的工作或是职业。有太多的时候，我们试图取悦他人而忽视了我们想要做的事情，最终我们将感到痛苦和不满。

你应该懂得：无论你做什么或是去哪里，你所采取的任何行动都是要满足一种需求。如果你的行动成功了，那么你的需求得到了满足，你会感到很愉快。如果不成功，你就会觉得痛苦。就拿食物来举例吧。食物是基本的需求。我们都有生存的需求，而进食可以有助于它的实现。为了满足这种需求，你可能决定去工作。而如果这一需求已经得到满足，那么你选择的工作将是要实现一个更高层次的需求。比如，你可能有得到别人认可的需求——我指的认可不是指让老板拍拍肩膀表示赞许，而是让你的面孔出现在大屏幕上、报纸上等等。如果你对于音乐有兴趣并且有一副好嗓子，你可以考虑成为一名歌手，因为这样可以增加你进入公众视野的机会。

但是如果你获得认可的需求并没有在你生活中的其他领域得到满足，而且这种需求很强烈的话，那么你可能被某种权宜的办法所诱惑，做出一些与你的价值观相悖而对满足你的需求有益的事情。要说明的道理：有时，你想要实现某种需求的欲望会让你偏离自己的价值观——需求总是比价值观念更有影响力。然而，为了实现最佳的生活状态，这两者必须一致。

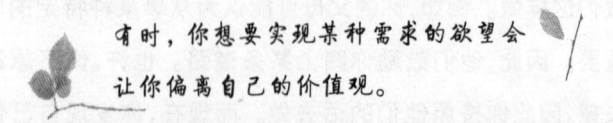

> 有时，你想要实现某种需求的欲望会让你偏离自己的价值观。

你的需求和你的价值观一致吗？如果不是，这种不一致是什么因素造成的？考虑这种不一致将带来的严重后果，以及你能够采取什么步骤来改正它。找出你的关键需求以及你认为生活中对你最重要的东西,然后让它们协调一致。下一步,用这些信息指导你做出决定和采取行动。记住:当你的需求和价值观一致时,生活才是最让人满意的。

60 智慧

智慧是人类发展的顶峰,也在不经意之间,成了本书的最后一节。但是智慧到底是什么?很难给它下定义。事实上,对于智慧的构成要素,并没有一致的看法,但是大多数人都承认智慧很重要。可能,我们永远也无法用简明的语言来定义智慧,但是这并不意味着智慧过于空洞或是不切实际。正如我希望这本书已经告诉你的,智慧是务实的,对于我们的日常生活有着现实的意义。

我们每个人对于智慧的含义和智慧的表现都有着直观的理解。然而,难点在于如何将对智慧的理解转化为行动,这不是一项轻松的工作。我们没有人一出生就是智慧的,智慧是从经验和实践中成长起来的。因此,一个人的年龄越大,他就越可能拥有智慧。但是同时,智慧不能通过我们头上白发的数量来衡量,它不是上天在我们年老时赐予我们的礼物。和大多数其他的人性特点一样,只有通过实际应用和乐于接受改变,你才能获得它。

当我们上了年纪的时候，智慧帮助我们为体力的下降和最终将至的死亡做好准备。但是为什么你要等到了退休年龄才能获得智慧？因为大多数人在年轻时努力获取知识，而我能够了解他们这样做的理由——我们都希望让自己的生活尽量变得更好，而知识可以有助于这一目标的实现。但是我们没有认识到：知识对于征服外部世界是必要的，但是我们需要智慧来掌控我们的内心世界。简而言之：如果我们的内心处于混乱状态，那么学术知识不会有什么用处。

> 只有通过实际应用和乐于接受改变，你才能获得智慧。

当然，对于如何改善自己的内在生活，知识能够帮助你做出明智的决定。但是智慧使你有能力运用这些知识，把各个部分组合成一个整体，然后从更有价值的整体上来把握大局。你看，智者拥有客观的判断力，他们搜集信息以便能够从更多的角度看问题。他们知道什么最重要和应该忽略什么，他们能找到问题的核心，并且他们理解，获得知识是智慧的一个重要方面。但是至关重要的是，他们还理解智者千虑、必有一失的道理。

关于"知识"还有一些需要说明的事情。智者了解所有的知识都可能有值得质疑之处。因此，他们不相信有绝对的知识，同时又有技巧地平衡了"如果你没有掉进无底洞，就永远不知道底线在哪儿"的思想。换句话说，他们知道看待问题的方法有很多种，多得超过我们的想象力。因此，他们不愿意匆忙得出结论或是将自己知道的事情当作真理一样四处散播。他们知道自己对很多事情都一无所知，但是他们能够运用自己目前对于事物的理解尽量使自己过上更好的生活。作为本书的总结，我希望这种情况也能发生在你的身上。

作者介绍

迪恩·坎宁安(Dean Cunningham),个人发展教练,前英国空手道冠军和世界级运动员。他毕业于伦敦大学,获得经济学学士和硕士学位,曾在东京的庆应义塾大学(Keio University)学习日语。他作为个人发展咨询师的职业生涯开始于安达信事务所(2002年于英国的德勤事务所获得咨询师资格),并最终建立了自己的专业培训机构。他的联系方式:www.deancunningham.co.nk。

译后记

本书用浅显的文字向我们揭示了生活中的深刻道理。作为前英国空手道冠军和个人发展培训师，作者根据自己丰富的生活经历，结合东方传统思想和当代西方个人发展理念，向我们诠释了实现智慧人生所必需的60个必要因素。它们是简单的事情，却可以改变我们的平凡生活。

本书的翻译凝结了多人的心血，没有他们的协助，就没有这本书的问世。在此，我谨向刘璐、苗壮、马静、王建伟和赵巍表示衷心的感谢。此外，我还要特别感谢外籍教师Marcy Morris的帮助。

由于译者水平有限，翻译过程中难免有不尽完善之处，敬请读者谅解。

马 跃
2011年12月20日